감02 벽돌
GARM ISSUE 02 BRICK

초판 1쇄 발행 2017년 7월 1일
초판 5쇄 발행 2023년 2월 22일

발행인	윤재선
편집장	심영규
에디터	정사은, 정신오, 정경화
객원에디터	양은혜, 박지일, 홍윤아, 김미지, 윤일상
자문 및 기획	임광혁, 김양길, 신우승, 김예원
디자인	스튜디오 플락플락 이경민
사진	이수연
교정·교열	하명란, 김종오
발행처	에잇애플㈜
출판등록	2017. 4. 14.(제2017-000078호)
주소	06580 서울특별시 서초구 서래로6 B1층
전화	02-537-1536
팩스	02-537-1532
전자우편	info@8apple.kr
홈페이지	garmmagazine.com
SNS	ⓘ garm_magazine
	ⓕ garmssi
ISBN	ISBN 979-11-961156-2-3
	ISBN 979-11-961156-4-7(세트)

· 파본이나 잘못된 책은 구입처에서 바꾸어 드립니다.
· 이 책은 저작권법에 따라 보호받는 저작물이므로 무단전재와 무단복제를 금지하며, 이 책 내용의 일부 또는 전부를 이용하려면 반드시 사전에 저작권자와 출판권자의 서면 동의를 받아야 합니다.
· 책값은 뒷표지에 있습니다.

Printed in Seoul, South Korea
All rights reserved. No part of this publication may be reproduced, stored in a retrieval system, or transmitted in any form or by any means, electronic, mechanical, photocopying, recording, or otherwise, without prior consent of the publisher.

감씨는 에잇애플에서 발행하는
건축재료 단행본 시리즈의
브랜드입니다.

GARM

건축재료 처방전
감02 벽돌

garmSSI

Prologue

중간기술로의 안내

이 책은 개인의 창조력을 현실화하는 방법을 함께 논의하기 위해 만들었다. 현대사회가 고도의 분업화와 소비사회로 돌입하면서 사람들은 스스로 생각하고 만들고 꾸미기보다 '서서히 그리고 급진적으로' 구성된 공간에 맞춘 삶에 익숙해지고 있다. 나무에 못질을 해 의자를 만들어주시던 아버지의 모습은 먼 기억 속의 추억으로 남거나, 한낱 과시를 위한 남성의 로망으로 전락했다. 전등을 교체하는 일과 간단한 망치질, 그리고 사다리를 펴고 올라가 살피는 일조차도 전문가에게 맡기는 것이 일반화되었다. 그러는 사이에 사람들은 일과 사물, 공간으로부터 소외되어 인간 본연에 내재한 창조성과 창작성을 잃어버린 존재가 되어가고 있다.

인간은 스스로 생각하고 스스로 만들며 스스로 진화한다. 신인류 '호모 사피엔스(생각하는 사람)'는 '호모 파베르(도구를 사용하는 인간)'란 의미를 포함하고 있다. '도구를 사용하는 인간'이란 뜻은 도구가 인간을 구성하는 동시에 특징짓는 근원임을 말하고 있다. 즉 우리는 도구를 사용하여 자생적인 삶을 누릴 수 있는 존재이다.

다행히도 최근 사회 전반적인 추세인 DIY(Do It Yourself)와 미국의 '차고 문화'(스스로 만들고 고치는 문화), 'Making Movement' 등의 동향은 인간 본연의 창조성을 되찾을 수 있는 긍정적인 변화이다. 이를 바탕으로 실리콘밸리 중심의 창조경제는 새로운 산업 동향으로 자리 잡았고 눈부시게 발전하고 있다. 자신에게 필요한 것을 스스로 생각하고 만들어갈 때에 비로소 세상에 필요한 무언가를 다시 태어나게 하는 창조성이 발현된다.

한 시대를 변화시킨 애플사는 차고에서 시작했으며 스타트업(start-up)의 붐을 일으킨 테크숍(tech shop)은 차고 문화에서 시작했다. 이 책은 인간 본연의 창조성에 귀를 기울이고, 동시에 인간의 기본적 권리이며 누구나 누려야 하는 행복추구권을 사람들에게 되돌려줄 수 있는 촉매제가 되고자 한다. 사람에게 가장 중요한 의식주 중에서 머무는 '주'를 중심으로 자신의 공간을 스스로 만들 수 있는 최소한의 방안을 마련해주기 위함이다. 그 시작은 건축의 가장 작은 물리적인 단위(unit)인 재료에 대한 고찰이다.

수많은 재료 중 접근이 쉽고 많이 쓰이는 재료를 위주로 조사, 연구하였으며 재료의 특성(선택), 유통(구매), 가공(1차 가공), 조립, 보호 그리고 보수 등과 관련한 건축 재료의 사용설명서(specification)를 만드는 데 집중했고 객관적인 기준을 가지고 유사 재료들과의 비교와 발굴 그리고 평가를 그 기본 축으로 세웠다.

필자는 30년간 건축을 업으로 여기며, 뜻밖에도 건축 전문가들이 각 재료의 특성과 시공 방법을 자세히 알지 못해 잘못된 방식으로 건축하는 것을 보고 사전에 문제를 차단할 수 있고 기준이 되는 기본 사용설명서를 만들길 희망했다. 단순히 학문적인 접근보다 현장 속에서 직접 배운 사례를 토대로 실질적인 접근을 통해 시공성과 하자 예방 등과 같은 유의 사항을 비롯해, 차후 벌어질 수 있는 보수 방안을 제시하고자 한다. 하자의 원인을 규명하고 설계 단계부터 적용하기 위해 도면상의 표기 또한 중요하게 취급하길 바란다. 무엇보다 대중과의 의사소통을 위해 좀 더 세심하게 표현을 하고자 했다.

앞으로 재료에 관한 책은 기초편과 심화편으로 나누어 기본적인 내용과 전문적인 내용을 구분해 다루어 보고자 한다. 재료 선택과 구입 그리고 시공까지 복잡한 과정을 한눈에 정리하여 그 과정을 큐레이팅하려고 한다. 기존의 전문 기술자만이 다룰 수 있다고 여겨지는 특수전문 시공기술 일부를 일반인이 몇 번의 실습으로 습득할 수 있는 중간기술의 영역으로 끌어내리도록 사용 가이드를 정립하여 일반인에게 많은 부분을 전수하고자 한다.

모든 사람들이 순수한 노동의 가치를 투여해 자신에게 내재된 의지를 되찾아 마땅한 권리와 행복을 찾아가길 바라며, 이 책이 그 길에 도움이 되길 염원한다.

2017년 6월
발행인 윤재선

Editorial Letter

벽돌이 돌아왔다

바야흐로 벽돌이 돌아왔다. 벽돌, 목재, 콘크리트 중에서 주변에서 가장 쉽게 볼 수 있고 친숙한 건축재료는 무엇일까? 뜻밖에도 벽돌이다. 종종걸음으로 동네 한 바퀴 돌면서 눈을 크게 뜨고 주변을 둘러보자. 아파트를 제외한 단독주택이나 다가구주택, 대부분의 다세대주택이 벽돌집이다. 우리 시대 벽돌은 주택가 어디에서나 볼 수 있는 평범한 재료다. 너무나 평범해서 한때 싸구려 저층 건물의 재료로 취급하며 터부시한 것도 사실이다. 건축은 전통적으로 다양한 재료를 서로 잇는 가구식 구조와 재료를 켜켜이 쌓아 올리는 조적식 구조, 두 축으로 발전해왔다. 결국, 건축의 역사는 재료를 어떻게 잇고 또 쌓는가 하는 문제를 중심으로 변천해왔다고 할 수 있다. 그만큼 조적은 건축에서 중요한 한 축이며 또한 보편적이고 그 역사가 유구하다. 거의 1만 년 전에 등장한 벽돌은 순수하게 사람의 힘만으로 간단하게 집을 지을 수 있는 재료다. 그러나 고도의 산업화와 도시화, 인구집중으로 인해 넓은 면적의 고층 건물이 많이 요구되면서 유리와 철, 콘크리트의 시대가 도래했다. 너도나도 앞 다퉈 철근콘크리트 구조물에 얇은 유리를 덮은 커튼월 건물을 짓기 시작했다. 넓은 면적의 공간을 빠르게 찍어낼 수 있게 된 것이다. 많은 사람이 유리의 빛나는 투명성에 시선을 빼앗기고, 가볍고 날렵한 철근콘크리트 구조물에 환호했다.

그러나 벽돌이 다시 돌아왔다. 반전이다. 이유가 무엇일까? 먼저, 벽돌 자체의 변신이다. 과거 힘을 받는 구조재료로 여겨지던 벽돌은 치장재라는 새로운 얼굴을 입었다. 두 번째로 부쩍 덥고 추워진 기후변화 때문이다. 한여름 에너지 문제나 냉난방 같이 단열이 쟁점이 되고, 정부가 외단열에 더 많은 지원을 하면서 커튼월이나 노출콘크리트 건물 대신 벽돌이 인기를 끌게 됐다. 커튼월로 화려하고 거대하게 지은 관공서나 공공 건물이 에너지 낭비와 추위, 더위에 뭇매를 맞고 있는 틈을 파고든 것이다.

벽돌의 귀환은 그래서 더 화려하다. 다양한 쌓기 방법과 철물의 발달로 이제 한국에서도 타일을 붙여 겉만 벽돌이 아니라 조적으로 지은 십수 층짜리 '진짜 벽돌 건물'이 탄생했다.

벽돌은 외단열에 적합하고, 미세 먼지나 오염 문제에 있어서도 다른 재료에 비해 자유롭다. 더군다나 시간의 때를 타지 않으니 금상첨화다. 벽돌은 이렇듯 가장 오래된 건축재료면서도 첨단 건축과 자연스럽게 만나는 힘을 지녔다. 많은 건축가가 '가장 곱게 나이 먹는 재료', '표면에 붙는 먼지며 생채기를 부드럽게 담아내는 재료'라며 벽돌을 다시 보기 시작했다.

1장에서는 벽돌의 역사와 종류, 조적 방식에 대한 이야기를 다루고, 2장에서는 친환경 논란을 살펴보고 실제 벽돌을 구매하는 방법과 국내에 있는 벽돌공장 답사기를 담았다. 이어 3장은 조적의 준비와 조적 시의 유의점을 담았다. 그리고 벽돌로 다양한 실험을 하는 건축가들의 작업과 이야기를 실었다. 끝으로 다양한 벽돌 업체를 소개한다. 비교적 건축 역사가 짧은 한국에서 벽돌은 가장 오랫동안 사랑받아온 재료다. 지금 다시 동네를 돌며 까끌까끌한 벽돌의 면을 만져보자. 30~40년 전 벽돌을 한 장 한 장 쌓던 조적공의 땀과 수고를 만날 수 있을 것이다. 그리고 앞으로 30~40년간 익숙한 풍경으로 동네에 깊숙이 녹아들 벽돌집을 떠올려보자. 우리 삶에 친숙한 벽돌. 벽돌의 귀환은 그래서 더 반갑다.

편집장 심영규

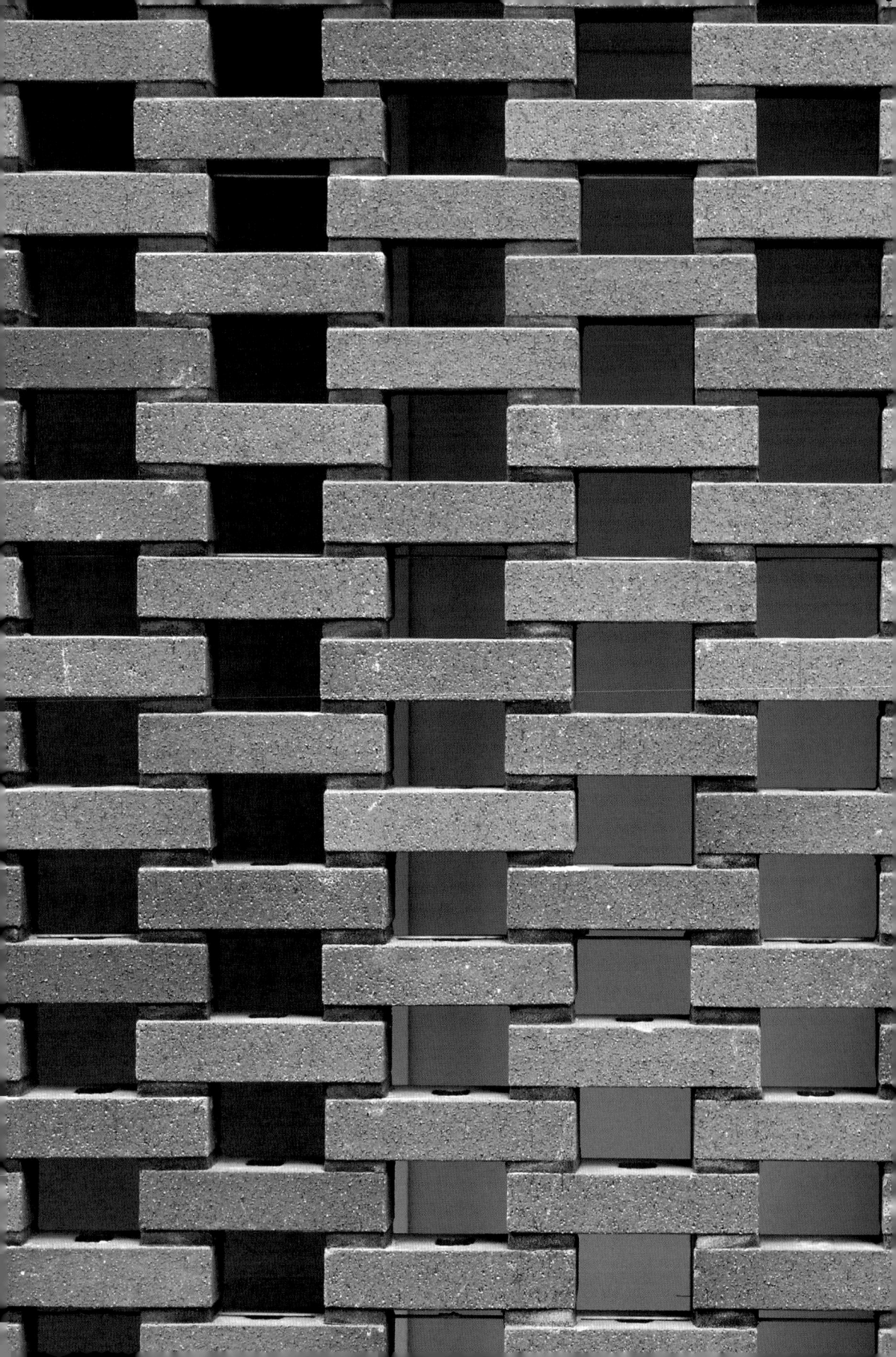

일러두기
책에 등장하는 다양한 종류의 벽돌을 다음과
같이 분류하고 코드로 표시했다(p.32 벽돌의
분류와 구성 참고).

점토벽돌 Bfs

일반 점토벽돌(붉은벽돌, 황토벽돌 등)	Bfs01
고벽돌 Bfs02, 신고벽돌 Bfs02-1	
파벽돌 Bfs03, 인조파벽돌 Bfs03-1	
전벽돌 Bfs04, 유약전벽돌 Bfs04-1	
후가공벽돌	Bfs05
이형벽돌	Bfs06
중공벽돌	Bfs07
수입벽돌	Bfs08
유약벽돌	Bfs09

콘크리트벽돌 Bcc

바닥용 보도벽돌 Bfb

기타벽돌 Bfe

내화벽돌	Bfe01
토석벽돌	Bfe02
현무암벽돌	Bfe03
화산재벽돌	Bfe04
나무벽돌	Bfe05

GARM

ISSUE 02 BRICK
Contents

Intro
Prologue 중간기술로 안내

Editorial Letter 벽돌이 돌아왔다

1. Story of Brick
1.1 **History of Brick** 벽돌의 역사 — 16

1.2 **Lay Bricks** 벽돌쌓기의 이론과 실제 — 20

1.3 **Sort and Structure of Brick** 벽돌의 분류와 구성 — 32

2. Brick and Issue
2.1 **Prospect of Brick** 벽돌의 현재와 미래 — 40

2.2 **Environmental-Friendly Brick** 벽돌과 친환경 — 46

2.3 **Distribution of Bricks** 벽돌의 국내 제작과 유통 현황 — 54

2.4 **Reportage** 벽돌의 매력을 만들다 삼한C1 대표 한삼화 — 60

2.5 **Reportage** 순수하고 빈티지한 붉은벽돌을 만들다 이화산업 관리차장 류도열 — 64

2.6 **Maintenance of Brick** 벽돌의 유지보수 — 66

3. Works of Brick
3.1 **Interview** 벽돌에 대한 고정관념을 깨다 조호건축사사무소 대표 이정훈 — 74

3.2 **Interview** 단순함의 축조, 축조의 단순함 와이즈건축 공동대표 장영철 — 86

3.3 **Interview** 대비로 벽돌의 특성을 극대화하다 TRU 건축사사무소 대표 조성익 — 96

3.4 **Interview** 정확한 치수에서 아름다움을 발견하다 건축에스아이 대표 정수진 — 106

4. Supplement
벽돌 업체와 전시장 정보 — 116

1 Story of Brick

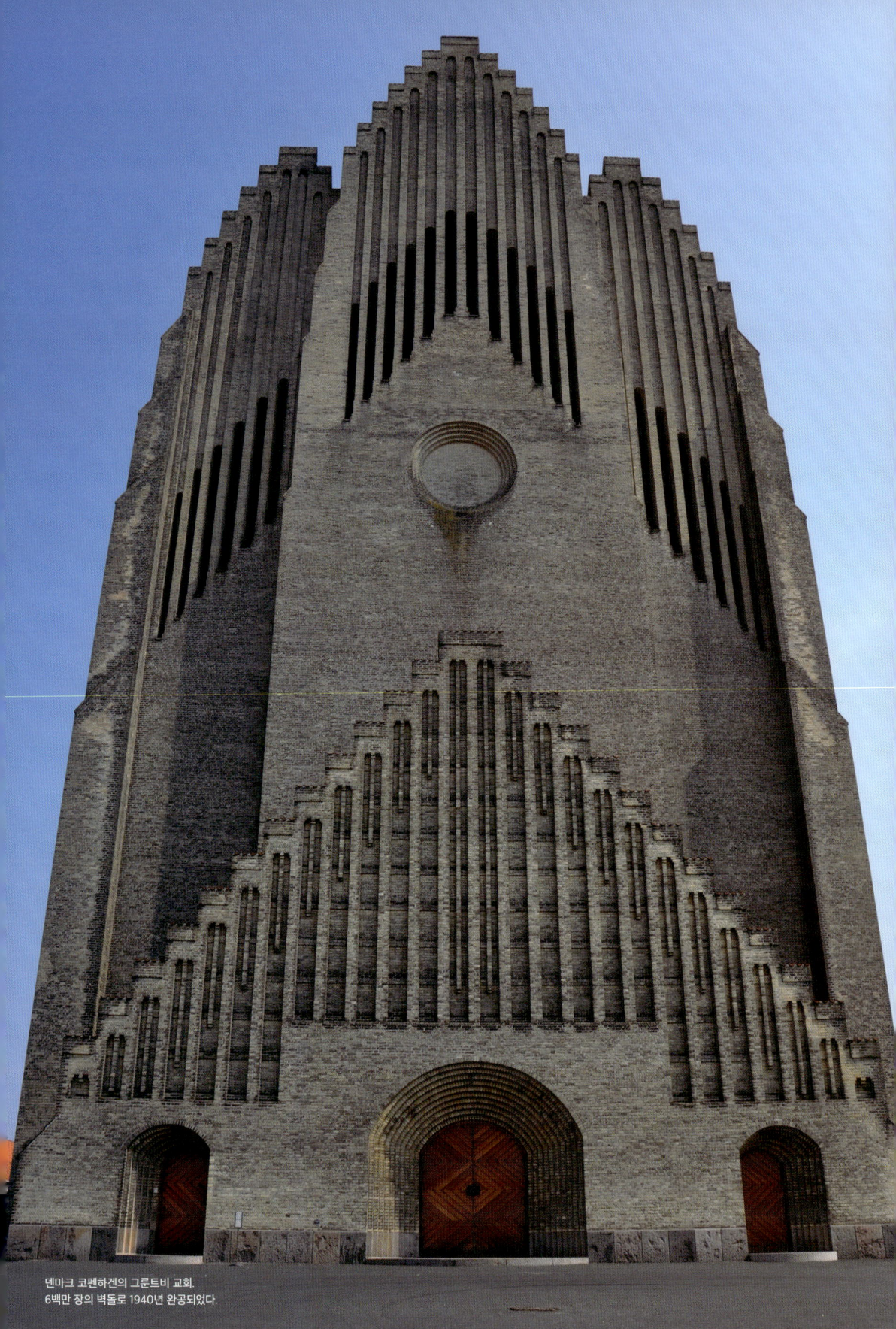

덴마크 코펜하겐의 그룬트비 교회.
6백만 장의 벽돌로 1940년 완공되었다.

History of Brick

벽돌의 역사

편집팀

인류는 메소포타미아 문명과 고대 이집트 문명이 눈뜨기도 전인 BC 8000년경의 신석기시대 후기에 중동 요르단강 서안의 예리코에서 조적을 발견했다. 웅덩이 주변에서 건조되어 단단해진 진흙을 발견한 사람들이 그 덩어리나 돌을 조각하고 쌓아올려 벽의 형상을 만들게 되면서 조적이 시작되었다.

조적의 시작

기존에는 석재를 깎거나 다듬어 건축재료로 사용했다. 자연 상태의 돌을 절단하여 사용하면 벽돌보다 훨씬 단단했지만, 석재가 풍부하지 않은 지역에서는 진흙과 짚을 태양에 말려 만든 벽돌이 흔한 건축재료로 사용되었다. BC 4000년경 메소포타미아 사람들은 조적 기술을 발전시켜 돌과 벽돌로 궁전, 사원과 같은 건축물을 짓기 시작했다. 이러한 고대 이집트인들의 모습은 테베 무덤 벽화에 노예들이 벽돌을 만들기 위해 진흙을 섞고 운반하는 장면으로 표현되어 있다. 이 벽돌은 사람들의 오랜 경험이 바탕이 되어 손으로 운반하기에 가장 편리한 규격으로 가로, 세로, 높이가 각각 4대 2대 1의 비율을 갖는다. 그리스인들은 벽돌이 대리석보다 침식이 덜하다는 것을 미리 인지하여 대형 공공 건물에 벽돌을 사용하기 시작했다. 태양에 말린 벽돌을 쌓아 만든 화덕을 사용하던 사람들은 화덕 내부에서 구워진 벽돌이 더 단단해지는 것을 깨닫고 가마를 발명해 불로 구운 벽돌을 사용하기 시작한다. 구운 벽돌은 말린 벽돌보다 내수성과 내구성이 강해 지속성이 좋으며 낮에는 열을 흡수하고 밤에는 열을 방출하는 장점이 있다. 특히 로마인들은 이동 가능한 가마를 사용해 로마제국 전체에 구운 벽돌을 전파했으며 이런 벽돌에 생산 과정의 감독자와 생산 지역의 이름을 새겨 넣었다. 이들은 흰색과 붉은색 진흙으로 벽돌을 만들되, 크기와 형태를 다양하게 만들었으며 제국의 공공 건물과 주택 전반에 벽돌을 사용하기 위해 대량생산을 하기도 했다.

동양으로 눈길을 돌리면 단연 중국의 벽돌이 눈에 띈다. 시안(西安)에서 발견된 3,800년 전의 벽돌을 시작으로 하는 중국 벽돌의 역사 또한 유구하다. 1637년에 작성된 산업기술 서적인 『천공개물(天工開物)』의 삽화를 토대로 역사학자 티모시 브룩(Timothy Brook)이 서술한 명나라의 벽돌 제작 과정을 살펴보면, 제작 과정에서 가마장인이 지켜야 할 수칙은 물론, 점토의 색, 유약 처리 시점 등이 상세하고 구체적으로 언급되어 있다. 놀라운 점은, 중국 땅에서 오랫동안 만들어진 벽돌의 규격이 대략 가로×세로×높이, 420×200×100㎜로 머나먼 로마의 벽돌 규격(400×200×100㎜)과 매우 유사하다는 것이다.

치장재와 구조재

중세로 들어서며 이슬람과 유럽 전반에서는 조적을 활용한 볼트 구조가 발달되었다. 이는 아치에서 발달된 반원형 천장과 지붕을 이루는 둥근 면의 구조체로, 이 방법을 통해 조적식 구조로도 대공간을 덮을 수 있게 되었다. 이슬람에서는 궁전, 모스크 등을 벽돌로 지은 뒤 표면에 진흙을 덧대어 마감하였다. 그리고 유럽, 특히 프랑스에서는 포인티드 아치(pointed arch), 플라잉 버트레스(flying buttress) 등의 구조물을 통해 거대하고 높은 교회를 지을 수 있게 되었다. 높이 쌓은 고딕 양식의 건물은 신에게 닿기 위한 인간의 욕망이 반영된 것이었다. 고딕은 프랑스, 이탈리아, 영국 등에서 석재로 구현되었지만, 돌의 생산량이 적은 독일, 스웨덴, 덴마크, 핀란드 등의 발트해 주변 국가에서는 벽돌이 석재를 대체하게 되면서 벽돌 고딕이 발전했다. 그러나 기존 고딕 양식에서 돌벽에 새기던 다양한 조각이 벽돌벽에서는 불가능했을 뿐만 아니라 벽돌로는 석재만큼 높고 화려한 교회를 지을 수 없었다. 대신 다양한 색상과 유약을 쓰거나 석회 반죽으로 벽돌 구조벽을 덮어 차별화를 꾀하였다. 그 외에 미주, 아시아 등의 지역에서도 조적기법에서 비슷한 진보가 발견되었다.

근대의 산업혁명과 기술 발달에 힘입어 벽돌 생산은 재래식 가마에서 효율성이 높은 터널식 가마로 바뀌었다. 재래식 단가마는 태양열에 건조된 벽돌을 하나의 밀폐된 가마에 넣은 후 3~4일 동안 굽고, 일주일간 식힌 후 꺼내는 방식으로, 소량 생산만 가능했다. 그러나 하나의 굴뚝에 여러 구멍을 연결하여 불을 끄지 않은 채 각 구멍의 입구만 열고 닫으며 구워내는 터널식 가마가 등장하면서 벽돌의 생산량이 급증했다.

운반 과정 또한 운송 수단의 발달에 따라 변화를 겪었다. 과거엔 벽돌이 운반 과정에서 쉽게 파손되어 생산지와 가까운 곳에서만 주로 사용되었으나 운송 수단이 발달하면서 다양한 지역으로 뻗어나가 사용되기 시작했다. 더불어 벽돌간 접착제로 쓰이는 고강도의 포틀랜드 모르타르가 세계 각지로 수출되면서 조적벽의 내구성과 강도가 높아졌고 구조재로써의 벽돌이 건축재료로 꽃을 피우게 된다.

진흙과 돌 등을 구워 만든 튀니지 올레드 솔탄

당나라 시기인 618~907년 사이에 제작된 연꽃 모양 벽돌

독일 크산테의 볼트 구조 와이너리 창고

1795년에 건립된 수원 화성의 창룡문

벽돌의 귀환

19세기 초반부터 2차 산업혁명에 따라 도시는 점차 고도화된다. 도심에 고층 사무용 건물이 들어서면서 철근콘크리트가 발달하고 건축재료로써 벽돌의 사용은 점점 줄어들기 시작한다. 초기의 몇몇 고층 건물은 조적식으로 만들어졌으나 재료 자체에 한계가 있었다. 예컨대 1896년 조적으로 지어진 시카고의 모나드녹 빌딩(Monadnock Building)은 17층을 쌓기 위해 1층 벽의 두께를 1.8m로 만들어야 했다. 이는 막대한 공간의 낭비가 아닐 수 없었다. 그러나 이 시기에 등장한 철근콘크리트 구조벽은 단순한 거푸집에 빠른 타설로 신속함과 경제성을 갖추었고 고층 건물의 구조재료로 널리 사용되었다. 이후 벽돌을 얇게 쌓는 기술이 생겨났으나 콘크리트의 경제성에 밀려 건축재료로 벽돌의 사용은 급격히 감소한다.

이후 벽돌은 낮은 건물의 구조벽으로 이용되거나 철근콘크리트 벽체 위에 타일처럼 붙이는 치장재, 또는 실내의 비내력벽으로 사용되기 시작한다. 마감재가 되면서 더위와 추위, 산성, 오염, 열에 잘 견디는 벽돌의 이점은 더욱 살아났으며 여러 색상과 크기뿐 아니라 질감, 빛 투과성의 차이에 따라 다양한 모습을 선보이며 벽돌만이 자아내는 분위기는 더욱 풍부해졌다.

서울시 강남구 신논현역의 랜드마크인 교보타워는 붉은 점토벽돌이 인상적이다. 스위스의 세계적인 건축가 마리오 보타(Mario Botta)가 설계한 이 건물을 보면 대부분 벽돌을 쌓아서 만들었다고 생각하지만, 그렇지 않다. 25층짜리 건물의 벽돌을 모두 떼어내도 그대로 서 있을 것이다. 조적이 아닌 타일 방식으로 붙였기 때문이다. 우리 주변의 수많은 벽돌 건물로 보이는 것은 사실 타일처럼 붙어 있는 것이다. 오랜 시간 꾸준히 중요한 건축재료로 인식된 벽돌은 이제 거대한 고층의 빌딩 숲에서 조적 구조의 기능 대신에 색상, 패턴, 질감을 표현하는 재료로 새롭게 자리매김하고 있다.

지금부터 벽돌의 새로운 매력과 가능성을 살펴보자.

중국 송나라 시기인 1045년 지어진 42m 높이의 링샤오(Lingxiao)탑

붉은색 벽돌을 외장재로 사용해 매스감을 드러낸 강남 교보타워

Story of Brick

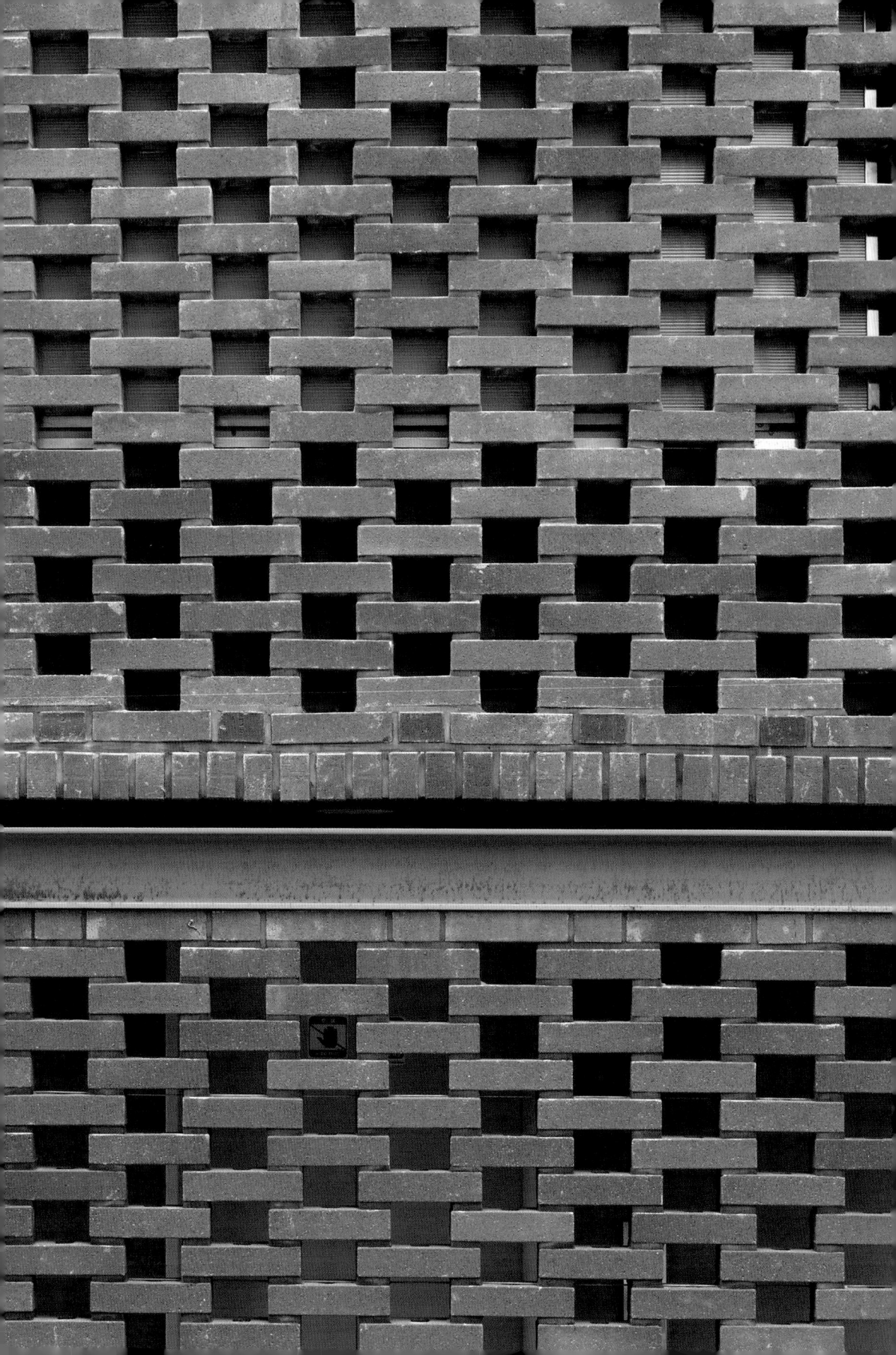

Lay Bricks

벽돌쌓기의 이론과 실제

편집팀

세계 곳곳에서 다양한 방식으로 만들어진 벽돌은 그 크기가 대략 가로, 세로, 높이 200×100×50㎜로 비슷한 규격이다. 이는 사람이 한 손으로 들고 다루기에 가장 편한 크기로, 제작과 운반 그리고 조적 오랜 조적 경험에 의해 얻어진 결과이다. 한 손으로 쥘 수 있는 작고 규격화된 크기 덕분에 벽돌은 어떠한 조적재료보다 그 쌓기 방식이 다양하며 연출 방식도 풍성하다.

다양한 쌓기 방식

벽돌은 구조와 외관상의 이유로 다양한 쌓기 방식을 시도한다. 여러 가지 쌓기 방식은 다양한 기준으로 분류할 수 있다.

쌓는 면의 개수에 따른 분류 한 면의 벽을 쌓는 방식으로는 벽돌의 긴 면이 보이도록 쌓는 길이쌓기(stretcher bond)가 일반적이며, 벽과 벽이 만나는 모서리 부위를 구조적으로 결합하기 위해 90° 회전시켜 벽돌의 양 끝의 마구리를 보이게 하는 마구리쌓기(header bond)가 사용되기도 한다. 그 외에도 경사, 문턱 등에는 옆세워쌓기(laid on side)를, 기둥과 기둥 사이를 가로지르는 위치에는 세워쌓기(laid-on-and)를 사용해 시각적으로 도드라져 보이게 한다.

구조에 따른 분류 통줄눈쌓기와 막힌줄눈쌓기의 두 가지 방식으로 분류할 수 있다. 벽돌을 쌓아 올라갈 때 벽돌끼리 서로 어긋나지 않고 일렬이 되도록 쌓는 통줄눈쌓기(straight joint)는 상부의 하중을 분산하지 못해 조적벽의 성능을 제대로 발휘할 수 없다. 그러므로 힘을 많이 받지 않는 비내력벽에 주로 사용하고, 내력벽을 쌓는 경우에는 구조적 안정성을 위해 벽돌을 위아래로 엇갈리게 쌓아 수직 하중을 벽면 전체로 분산시키는 막힌줄눈쌓기(breaking joint)를 주로 사용한다.

쌓는 모양에 따른 분류 기본적으로 현장에서 널리 사용하는 정쌓기(traditional bond)가 있으며 벽체에서의 개별 벽돌을 시각적으로 부각한 비켜쌓기(angled bond)와 띄어쌓기(porosity bond)가 있다. 정쌓기는 5~6가지 세부적인 쌓기 방식으로 분류할 수 있다. 길이쌓기만을 반복하는 평쌓기가 가장 기본적이다. 그 외에 표준규격의 온장 벽돌을 일정한 크기로 잘라낸 이오토막, 반토막, 칠오토막, 반절 등을 함께 사용하여 길이쌓기와 마구리쌓기를 번갈아 사용하는 영국식 쌓기(English bond), 네덜란드식 쌓기(Dutch bond), 미국식 쌓기(American bond), 프랑스식 쌓기(Flemish bond)가 각 나라에서 발전했다. 그러나 한국에서는 주로 평쌓기만을 사용하며 종종 벽이 맞닿는 모서리 부분에 벽돌 깊이를 4분의 1로 절단한 이오토막이나 반절을 사용한 영국식 쌓기를 사용한다.

이 밖에도 비켜쌓기와 띄어쌓기는 치장 벽체에 이용되는 방식이다. 비켜쌓기에는 일정한 패턴으로 벽돌을 가로축으로부터 살짝 회전하여 쌓아 직선벽에서는 하나의 큰 패턴으로 읽히고 곡선벽에서는 벽돌의 흐름이 두드러져 보이게 하는 등각비켜쌓기가 있다. 이를 활용하여 벽돌의 회전 각도에 변화를 주어 전체 벽을 역동적으로 만드는 이형비켜쌓기가 있으며 그 외에도 무줄눈쌓기, 엇모쌓기 등이 있다.

보강철물이 함께 사용되는 띄어쌓기는 벽돌과 벽돌 사이에 빛과 바람을 통과시킨다. 그 종류로는 영롱쌓기, 직선형쌓기, 곡선형쌓기 등이 있다. 무수한 방식의 디자인이 가능해 최근 건축가들이 다양한 쌓기 방식을 제안하고 있다.

벽 두께의 따른 분류 일반적인 벽돌의 길이(190㎜)를 한 장으로 놓아 벽의 두께에 따라 반 장쌓기, 한 장쌓기, 한 장 반쌓기, 두 장쌓기로 구분한다.

이렇게 다양한 쌓기 방식이 있지만 국내 현장에선 한두 가지 쌓기 방법이 주로 사용된다.

벽돌벽의 쌓기

벽돌 쌓기는 간단해 보이지만 의외로 섬세하고 난이도가 높은 작업이다. 가장 먼저 기준선을 만들어야 벽돌의 수평을 유지하며 시공할 수 있다. 기준선을 만들기 위해선 벽체들이 만나는 모서리에서 600㎜ 내외 높이의 '리드'를 쌓는 것에서부터 시작한다. 모서리와 그 주변 벽체선을 따라 모르타르를 바르고 그 위에 벽돌을 올려놓는다. 이 과정에서 조적용 자와 층표시 막대로 정확한 열의 높이를, 알코올 수준기를 이용하여 각 열의 수평을 점검하며 리드의 한쪽 면을 구성하는 벽돌이 모두 같은 평면에 있는지 확인해야 한다. 리드가 정해진 높이에 도달하면 각 리드 사이에 팽팽하게 고정된 실을 따라 벽체의 모서리, 즉 리드 사이에 벽돌을 일렬로 놓는다. 리드의 높이까지 나머지 벽돌을 모두 쌓아 전체 벽이 같은 높이가 되면 다시 각 모서리에서 리드 쌓기를 시작하여 전체 과정을 벽체 전체 높이에 도달할 때까지 반복한다. 최근 이러한 조적 과정에서의 정확도를 높이고 작업을 쉽게 하기 위해 보강앵글, 구조보강연결철물, 백화방지철물 등 다양한 철물을 사용하기도

각 시기에 유행하던 벽돌들이 모여 세월의 흔적이 담긴 켜를 만든다.

한다. 쌓기의 과정과 철물에 관한 내용은 뒷부분에서 상세히 다루기로 한다.

모르타르

조적에서 벽돌과 벽돌을 접착하는 접착제와 완충재의 역할을 하는 모르타르는 생각보다 중요한 요소다. 모르타르는 전체 벽돌벽 면적의 15~20%나 차지한다. 색상, 크기, 사용 방식 등이 벽돌의 선택만큼이나 중요하다. 모르타르는 벽돌 사이의 공간을 막아 외부의 수분과 공기의 유입을 막고 벽돌을 하나의 독립적인 구조 단위로 결합하는 역할을 한다. 이렇듯 조적에서 기능적, 그리고 시각적으로 중요한 모르타르를 선택할 때는 그 성능을 결정하는 배합 비율과 색상을 먼저 검토하는 것이 가장 중요하다.

성분과 배합 일반적으로 포틀랜드 시멘트와 석회 그리고 골재(모래)와 물로 만들어지는 '시멘트-석회 모르타르'가 보편적으로 사용된다. 석회암이나 조개껍데기를 태워 이산화탄소를 제거한 석회는 물과 함께 시멘트가 가진 뻑뻑한 성질을 감소시켜 부드러운 반죽으로 만들어 작업을 수월하게 한다. 일반적으로 시멘트와 모래의 비율은 1대 3 또는 1대 5를 많이 사용한다. 시멘트 한 포가 40kg이므로 모래는 120kg이 들어간다. ASTM(미국재료시험학회)의 C270 규정에 의하면 모르타르는 강도에 따라 다섯 가지 유형으로 구별된다. 일반적으로 석회에 대한 시멘트 비율이 높을수록 강도가 높다. 그러나 강도가 높을수록 작업 난이도 역시 높아지므로 유의해야 한다.

색상 모르타르는 기본적으로 밝은 회색이지만 주성분인 시멘트의 제조 과정에서 성분을 조절하거나 배합 과정에서 색소를 첨가해 다양한 색상을 만들 수 있다. 때로는 모르타르 줄눈 자체가 보이지 않게 벽돌과 거의 유사한 색상을 사용하기도 한다.

줄눈 벽돌을 쌓을 때 가로로 바르는 줄눈을 가로 줄눈, 세로로 바르는 줄눈을 세로 줄눈이라 하며 줄눈의 표준 두께는 일반적으로 10㎜로 한다.

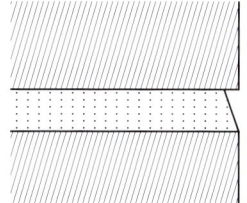
① 기후방지 줄눈

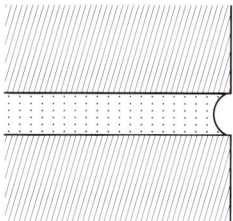
② 오목 줄눈

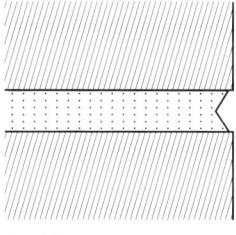
③ V자 줄눈

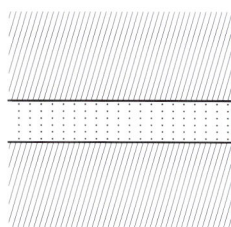
④ 민줄눈

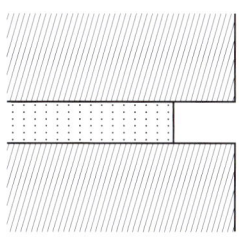
⑤ 긁어낸 줄눈

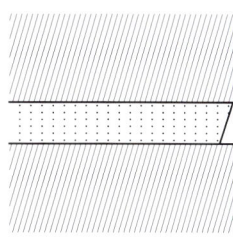
⑥ 엇빗 줄눈

① 기후방지 줄눈은 이름대로 날씨에 대한 오염이 적다. 음영이 확연하고 벽면의 물을 흘려보내 건물 외벽에 적합하다.
② 오목 줄눈은 면이 깨끗한 벽돌면에 사용하며 음영이 약하다.
③ V자 줄눈은 벽돌이 놓인 직후에 V형 조인트 또는 흙손을 이용해 만든다. 물이 고이지 않아 방수처리에 유리하다.
④ 민줄눈은 형태가 고르고 깨끗한 벽돌면에 사용한다.
⑤ 긁어낸 줄눈은 벽돌의 형태가 고르지 않거나 거친 질감을 강조할 때 사용한다.
⑥ 엇빗 줄눈은 벽돌의 형태가 고르지 않거나 거친 질감을 강조할 때 사용한다.

모르타르 이음부 처리 조적 직후 줄눈 모르타르는 불규칙하게 벽돌 사이로 튀어나와 있다. 모르타르가 굳기 전에 일정한 깊이(보통 6㎜)로 줄눈을 파낸 후 평줄눈, 둥근 줄눈, 오목 줄눈 등 원하는 형태의 단면으로 마무리한다. 이때 다른 색상의 줄눈용 모르타르를 새로 발라 원하는 줄눈 효과를 낼 수도 있다.

결론

최근엔 벽돌로 십수 층의 건물을 쌓기도 한다. 그러나 1층부터 최상층까지 벽돌이 모든 힘을 받는 게 아니다. 층층마다 벽돌을 잡아주는 철물을 개발하거나 블록식으로 만들어 높은 조적이 가능하게 된 것이다. 지금도 건축가들은 다양한 쌓기 방법을 고민하고 있다. 이제는 벽돌 조적의 편의성뿐 아니라 다양한 패턴과 쌓는 방법에 따라 효과를 어떻게 줄 수 있을지 고민하는 시대다.

다양한 쌓기의 종류

국내에서는 도면이나 시방서상 특별한 규정이 없을 경우 가장 튼튼한
영국식과 네델란드식 쌓기를 주로 한다.

길이쌓기(stretcher bond)
벽돌의 긴 면을 가로로하여 쌓는
방식. 벽면 끝이나 모서리를
제외하고는 벽돌 길이만 나타난다.

 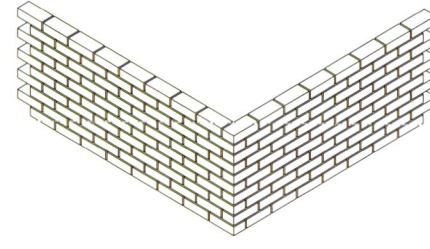

네델란드식 쌓기(Dutch bond)
한 면은 벽돌마구리와 길이가
교대로 되고, 다른 면은 영국식으로
쌓는다. 모서리에 칠오토막을
사용하며, 모서리가 견고하다.

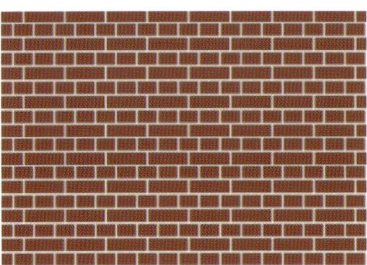 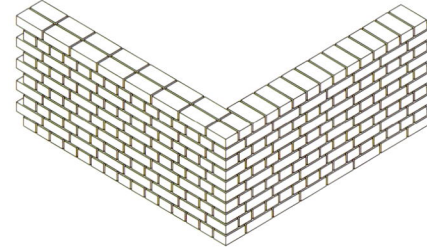

미국식 쌓기(American bond/ common bond)
앞면은 치장벽돌로 길이쌓기를
하고 뒷면은 영국식으로 쌓는다.
치장벽돌을 사용하며, 통줄눈이
생기지 않는다. 다섯 줄은 길이쌓기,
한 줄은 마구리쌓기로 한다.

 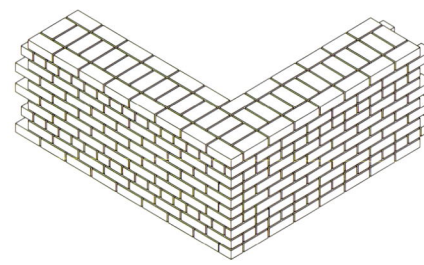

영국식 쌓기(English bond)
마구리쌓기와 길이쌓기를 교대로
하여 쌓는다. 모서리나 끝을 쌓을
때는 이오토막과 반절을 사용하며,
통줄눈이 생기지 않는다.

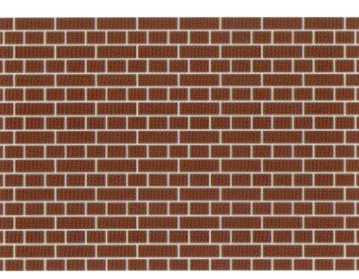 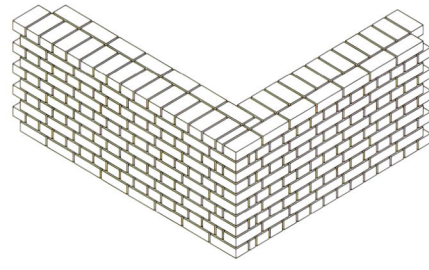

프랑스식 쌓기(Flemish bond)
한 켜에서 벽돌 마구리와 길이가
교대로 나타나도록 쌓는다. 많은
토막들이 필요하며 통줄눈이 많이
생긴다. 장막벽이며 의장효과가
뛰어나다.

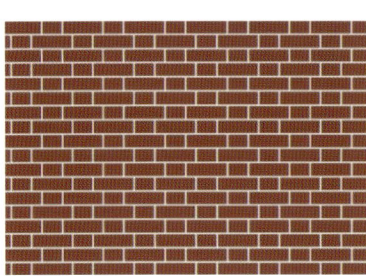 

쌓기의 기본
벽돌 한 장의 길이를 '1.0B', 반 장을 '0.5B'라고 한다. 간혹 현장에서 이러한 이야기가 오간다면 벽 두께가 벽돌 한 장, 혹은 반 장 두께라고 이해하면 된다. 대체로 도면이나 시방서에 쌓는 법에 대한 규정 사항이 없을 때에는 영국식 또는 네덜란드식으로 한다. 구조적으로 가장 튼튼한 방식이기 때문이다.

길이쌓기(stretcher bond, running bond)
벽돌의 기다란 면을 가로로 쌓는 방식으로, 시공 현장에서 가장 널리 쓰이는 기본적인 조적이다. 조적재를 평평하게 쌓고 최대 마디 부분이 벽면에 평행하도록 쌓아, 벽돌의 길이를 벽 표면에 드러내는 공법이다. 쌓인 양 끝부분이나 끝나는 곳을 제외하고는 표면에 모두 벽돌 길이만 나타나게 된다. 특별한 크기의 벽돌을 사용해 치장 겉벽 쌓기에도 주로 이용된다.

네덜란드식 쌓기(Dutch bond) 한 켜를 길이쌓기로 하고 다음은 마구리쌓기로 하는 것으로 벽의 모서리 또는 끝에서 칠오토막(길이의 4분의 3을 절단한 벽돌)을 쓴다. 내부에 통줄눈이 생기는 단점은 있으나 시공이 간단하고 모서리가 견고하기 때문에 국내에서 주로 사용한다.

영국식쌓기(English bond) 입면상 길이의 층과 마구리 층(단면)이 교대로 보이도록 쌓는 방법으로 모서리나 끝부분에 칠오토막이 아닌 반절이나 이오토막을 사용한다. 통줄눈이 생기지 않는 쌓기 방법 중 가장 튼튼하고 시공이 간단해 시방서에 쌓는 법에 대한 별도 기준이 없는 경우 현장에서 가장 많이 사용하는 방법이다.

개구부 만들기
조적에서 개구부를 만들 때 높이가 1m 이상인 경우는 상인방(上引枋, head jamb) 콘크리트를 올려야 한다. 현장에선 보통 각목을 올려 시공하지만 개구부의 문이나 창문에 하중이 전달되어 문짝이 틀어지거나 내려앉을 위험이 있다. 때문에 미리 콘크리트 인방을 제작해두고 조적 상부에 올려 시공하는 것이 좋다. 폭 합계는 벽 길이의 절반 이하로 하고, 개구부 간의 수직거리는 60㎝로, 개구부 간의 수직, 수평은 모두 일치하게 배치한다. 시공이 잘못되는 대부분의 문제는 물이 조적 내부로 들어가서 생기는데, 벽체와 치장벽돌 사이의 공간에 습기가 차 외부에 균열이 생기고 설치된 철물이 녹슬고 마감이 손상된다. 이는 벽을 통해서 물이 스며들 수 없도록 차단을 하지 못했거나, 중간 틈새에 생긴 물이 외부로 흘러나가지 못할 때 주로 생긴다. 창문, 문과 같은 개구부 위에는 물이 효과적으로 흘러갈 수 있도록 내부에서 외부의 방향으로 비흘림(flashing)을 설치하고, 바깥으로 튀어나온 부분의 아랫면에는 물끊기 홈을 파서 물이 벽을 타고 내려가지 못하도록 한다.

벽돌벽과 단열 조적은 외단열 시공이 유리하다. 콘크리트 같은 내력벽과 마감재인 벽돌 사이에 공간을 띄우는 공간쌓기를 통해 단열재를 보강한다. 외벽은 '1.0B+공간(스티로폼 등 단열재)+0.5B 치장벽돌 쌓기'로 이루어진다. 내벽은 종류에 따라 '1.0B 혹은 0.5B'를 혼용해서 사용한다. 공간쌓기를 할 때 단열재를 넣고 쌓을 경우 모포형 단열재(암면, 그라스울)는 반드시 고정클립을 사용해 위치를 고정하여 추후에 처지는 현상을 막아야 한다. 비가 올 때는 비닐 등으로 덮어 수분을 차단해 단열재가 손상되는 것을 막는다. 압축스티로폼과 은박단열 보충재, 석고보드 등의 단열재를 여러 겹으로 보강하면 열 손실을 막고 에너지도 절감된다. 벽돌을 기밀하게 쌓아야 폐쇄된 공간층이 생기고 열차단 효과가 크다.

성남시 분당구 판교동 단독주택(2015) 공사현장의 길이쌓기 시공 사진으로 벽돌의 길이를 벽 표면에 드러내는 공법이다.

마포구 창전동 근린생활시설(2014)의 길이쌓기 시공 사진. 시공법이 가장 간단한 기본조적 방식으로 치장용 겉벽 쌓기에 주로 이용된다.

성남시 분당구 판교동 주택(2014) 공사현장의 네덜란드식 쌓기 시공 사진. 내부에 통줄눈이 생기는 단점이 있으나 시공이 간단하고 모서리가 견고해 국내에서 자주 사용하는 방법이다.

쌓기의 과정

조적은 구조와 시공이 간단하고, 재료 구입과 공사비 측면에서도 장점이 많아 널리 쓰인다. 하지만 시공 과정에서 균열이나 누수 혹은 백화 등의 하자가 발생할 우려가 있기 때문에 시방상의 규정을 철저히 준수해야 한다. 특히 벽돌은 시공이 불량하면 균열이나 파손 등 건물의 수명에 직결되는 하자가 발생하기 쉽다. 벽돌은 재료 자체가 구조체이지만, 쌓는 높이 등의 한계가 있으므로 보통 목재나 철물, 콘크리트 등의 재료와 함께 사용한다. 벽돌을 쌓는 과정은 크게 준비, 쌓기, 줄눈의 세 부분으로 구분한다.

접착면 청소 먼저 표면에 낀 때나 먼지, 얼룩 같은 오염물을 물이나 화학약품 혹은 기계적인 방법 중 벽돌에 손상이 적은 방법을 선택하여 청소한다. 뻣뻣한 나일론이나 강모로 된 브러시로 물을 뿌려가며 긁어낸다. 보통 위에서 아래로 내려가며 진행하고 주변 개구부가 있는 경우 방수막으로 덮는다. 화학제품을 사용할 때는 물로 충분히 헹구어 잔여물이 남지 않도록 한다. 모래뿜기나 그라인더로 갈기 또는 마사토 사용 같은 기계적인 방법을 사용하는 경우 일정 면적을 먼저 시험 청소하고, 정해진 기간(면적에 따라 다름) 동안 노출한 후 검사를 받아 이상이 없는지 승인을 받고 진행한다.

물축이기 벽돌 구조체가 수분을 흡수하지 않도록 시공 2~3일 전에 벽돌과 바탕면(바닥)에 적절히 물을 뿌려준다. 시공 직전에 하지 않는 이유는 작업 과정에서 물이 흘러내릴 우려가 있기 때문이다. 단, 내화벽돌$Bfe01$은 물축임을 하게 되면 내화성을 잃고, 콘크리트벽돌Bcc은 벽돌이 물을 흡수해 수화반응이 일어나 하자가 발생할 수 있어 물축임을 하지 않는다.

건비빔 벽돌을 접착할 시멘트나 골재를 물 없이 건조한 상태로 비비는 것을 말한다. 보통 시멘트 1에 모래 3~5 정도의 비율로 혼합하며, 이 과정을 거친 뒤 물과 섞어 모르타르나 콘크리트로 만든다. 건비빔 과정에서 물이 들어가게 되면 시멘트가 굳거나 모래가 뭉쳐 재료가 균질하게 섞이지 않을 수 있으니 유의하도록 한다. 방수 모르타르를 만들 경우엔 건비빔 후 물로 희석한 방수제를 섞는다.

세로규준틀 만들기 규준틀은 기둥과 벽체의 중심선 등 기준점을 확인해 건물의 위치, 수평, 높낮이를 표시하는 가설물로 벽돌쌓기의 기준이 된다. 현장에서는 일본어로 '야리가다'라고 하며 이는 '하는 방식, 방법'이라는 뜻이다. 보통 수평규준틀과 모서리에 사용하는 귀규준틀이 있고 벽돌이나 돌 등을 쌓을 때는 세로규준틀을 사용한다. 세로규준틀은 내외부 기둥에 수직으로 설치해 치수를 표시한다. 잘 건조시켜 뒤틀리지 않은 각목 등을 대패질해 벽돌의 줄눈과 단수 등을 기입한다.

벽돌나누기 현장에서 와리다시(일본어로 '산출하다'라는 뜻)라고 부르는 벽돌나누기는 벽돌을 벽면에 맞추어 줄눈이 일정하면서도 토막 벽돌이 나오지 않도록 미리 나란히 놓아보는 일을 말한다. 벽돌의 크기와 줄눈의 치수를 기본으로 벽체 각부의 치수, 벽모서리, 벽 모양, 창문의 위치 등을 정하고 벽돌과 동시에 묻어 쌓는 석재, 나무벽돌, 구조부의 크기나 위치를 정하여 벽돌이 잘 맞도록 배치해야 한다. 이 과정이 명확하지 않으면 토막 벽돌이 많이 생기고 줄눈도 잘 맞지 않아 외관은 물론 벽체의 강도 저하가 발생할 수 있다.

수평실치기 벽돌의 수평을 맞추기 위해 설치된 세로규준틀에 벽돌을 쌓는 위치를 표시하는 과정이다. 실(나일론줄, 낚시줄 등)이나 레이저 레벨기 등을 사용해 미리 설치된 세로규준틀에 수평단을 표시한다. 수평실에 맞춰 먼저 쌓은 벽돌면과 수평을 맞추고, 수직 줄눈은 정확히 하단 벽돌 중심에 맞춘다. 보통 실을 치기 위해 몇 장의 벽돌을 쌓는데, 이를 현장에서는 '가나방(가네방)'이라고도 한다. 가네는 타일을 붙일 때도 흔히 쓰이는 말로 '직교'라는 일본어다. 앞서 설명한 리드쌓기(p.21 참고)와 같은 역할로 이 과정이 잘못되는 경우 수평, 수직이 직각이 되지 않아 줄눈이 일정하지 않게 된다.

중간부쌓기 조적 전 바닥면을 수평으로 맞춰 줄눈을 띄운 후 벽돌 높이에 따라 수직선을 띄운다. 이를 기준으로 한 단의 높이를 정한 뒤 쌓기를 시작한다. 쌓을 때에는 벽돌을 정확히 나누고, 토막 벽돌이 나지 않도록 면밀히 계산해야 한다. 하루에 쌓는 높이는 상하 13단(1.2~1.5m)을 넘지 않아야 한다. 벽돌과 벽돌 사이의 중간 접착제인 모르타르가 굳는 데 필요한 시간 때문이다. 규정된 범위 이상으로 쌓으면 무너질 우려가 있다.

줄눈누름, 줄눈파기, 치장줄눈 벽돌과 벽돌 사이의 모르타르 부분을 줄눈이라 하며 벽돌 벽면의 15~20%는 줄눈으로 볼 수 있다. 모르타르는 조적의 줄눈을 형성할 때 사용되는데, 시멘트와 모래, 물의 혼합물을 의미한다(p.23 참고). 혼합 후 1시간 이상이 경과된 모르타르의 사용은 절대 금한다.

Story of Brick

조적의 수직과 수평을 미리 표시해둔 규준틀에 맞추어 작업한다.

경화가 진행되어 내구성에 영향을 주기 때문이다. 줄눈의 색상과 모양에 따라 같은 벽돌을 사용해도 다양하게 표현할 수 있다. 줄눈의 색상은 건축에서 벽돌이 어떻게 보일지를 고려해 선택해야 하는데, 크게 벽돌 색상과 유사하게 하는 경우와 다르게 하는 경우가 있다. 보통 2㎡의 벽돌벽에 테스트 줄눈을 시공해 건축물과 색이나 어울림을 확인해보는 것이 좋다. 겨울철에 작업해야 하는 경우, 방동제(防凍劑, cold resistance substance)를 혼합하여 보통 영하 1~2℃까지는 작업이 가능하다. 방동제는 추운 날씨로 인해 물이 얼게 되는 것을 방지하는 약품으로, 물의 어는점을 낮춘다.

보양 보양(保養, protect)은 재료를 설치한 다음, 양생하고 손상이나 오염이 없도록 보호하는 것을 말한다. 특히 보양에 신경 써야 할 요소는 온도, 습도, 수분, 풍우강설, 일사광선, 건조, 하중 변형, 파손 등이다. 보통 널판지나 종이 포장지 혹은 거적 등을 사용하고 필요 시 모래를 뿌리기도 한다. 평균기온에 따라 보호 기준은 조금씩 차이가 있다. 쌓기가 완료된 벽돌은 움직이지 않도록 해야 한다. 따라서 쌓은 후 12시간은 어떠한 하중도 받지 않도록 하고, 모르타르가 완전히 굳을 때까지 진동이나 충격, 횡력 등의 하중이 가해지지 않도록 특히 주의한다. 또한 벽돌의 모서리 돌출부와 단부 등은 파손되지 않도록 적절한 재료를 사용해 보양하고, 오염되지 않도록 주의한다.

줄눈 과정은 앞서 세로로 줄눈을 넣고 가로부분을 채워넣는 방식으로 진행된다.

수평실에 맞춰 벽돌을 쌓는 과정. 벽돌을 올린 뒤 망치로 위를 조금씩 두드려 높낮이를 조절한다.

벽돌 쌓기 과정에서 가장 중요한 수직잡기 과정. 보통 수평계를 이용한다.

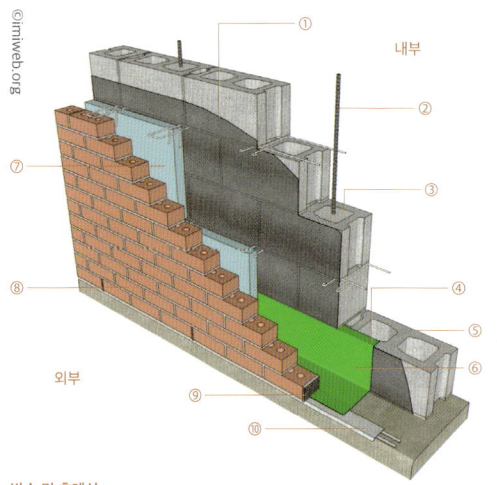

방수 및 후레싱
① 외기·수분·습기 차단재 시공(air/moisture/vapor barrier as required)
② 수평 줄눈 보강 와이어 및 월타이 시공 @400(horizontal joint reinforcement w / eye&pintle wall ties @16"o.c)
③ 철근 보강 및 그라우팅(grout & reinforcement as required)
④ 방수용 플래싱-콘크리트 블록 구조체 수평 줄눈에 삽입(return flashing into bed joint of block)
⑤ 콘크리트 블록 구조체(concrete masonry backup)
⑥ 방수용 플래싱-드립엣지에 밀봉 및 부착(flexible flashing-seal & adhere to drip edge)
⑦ 경질 단열재(rigid insulation)
⑧ 벽돌 벽(brick veneer)
⑨ 배수구 삽입(weep vent inserts)
⑩ 드립엣지-ㄱ자 방수용 시트: 바탕구조체에 밀실 접착(drip edge-seal and adhere to foundation)

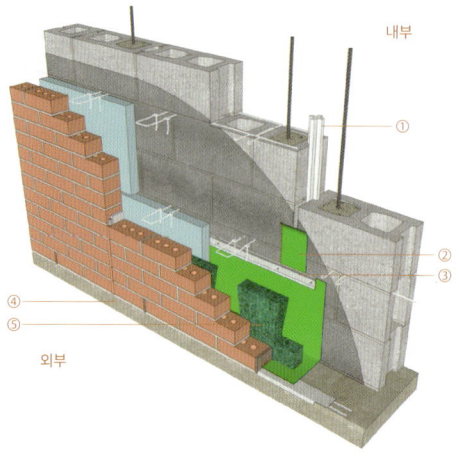

줄눈 및 모르타르 흡착
① 개스킷-신축 줄눈(preformed gasket at cj)
② 외기 차단막(air barrier transition membrane)
③ 상단 고정 철물바 긴결 및 밀폐 실란트 상부 시공(mech. fastened termination bar w/ cont. sealt @top)
④ 신축 줄눈(expansion joint)
⑤ 낙하 모르타르 흡착재(mortar dropping collection device)

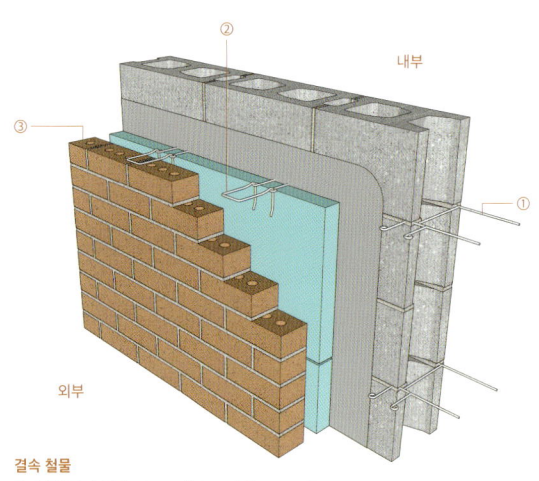

결속 철물
① 수평 줄눈 보강(horizontal joint reinforcement)
② 월타이-결속 철물(wall ties)
③ 공기층(air space)

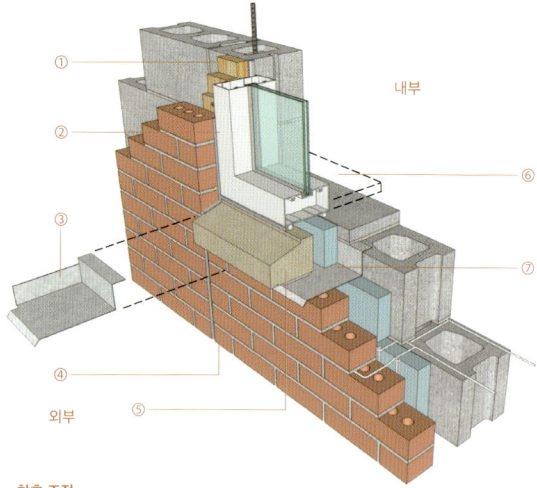

창호 조적
① 창문 고정 각재(wood blocking for window anchorage)
② 창문(window assembly)
③ 측면 플래싱(flashing end dam)
④ 조적 신축 줄눈(masonry expansion joint as required)
⑤ 하인방 및 물끊기 홈-0.3x0.3cm 기계커팅 (masonry sill w/ 1/ 8"x 1/ 8" cont. saw-cut drip)
⑥ 창문 스툴(window stool not shown)
⑦ 플래싱-구간: 창문폭(rigid flashing to span across drainage cavity)

연결보강철물

조적용 연결보강철물은 처짐과 이탈, 붕괴 등을 막기 위해 사용하며 구조와 치장용 벽돌이 하나가 되도록 고정하는 중요한 역할을 한다. 또한 시간이 지나면서 생길 수 있는 하중 증가나 지진 등의 횡력에 의해 무너지는 것을 방지하며 크랙을 막고 중공벽과 내외부의 결속을 강화한다.

연결보강철물 조적에 사용되는 연결보강철물은 연결보강재, 구조재, 백화방지재 세 가지 종류로 크게 구분할 수 있고, 대략 10여 종류의 철물이 사용된다. 치장벽돌과의 연결 부분이 단열재인지 내력벽인지 여부에 따라 서로 다른 모양의 철물을 사용하고, 건물에 사용된 벽돌의 종류에 따라 필요한 철물의 개수가 달라진다. 제작 업체마다 각각 다른 품명과 이름으로 판매하고 있어 관련 내용들을 쉽게 정리하기 어렵지만 기본적으로 조적에서 사용되는 기본적인 철물의 이름은 대체로 명칭으로 분류하기 때문에 용도를 파악하면 이해하기 쉽다. 철물은 벽돌제조 업체가 아닌 시공 현장의 작업자가 사용하기 편한 것으로 사용하는 것이 일반적인데 철물에 지출되는 비용은 보통 노무비를 포함하여 시공비의 20%를 차지한다.
또한 조적공사 전 내진 연결철물에 대한 시공 위치와 부위에 대한 상세 시공도가 필요하다. 표준시방서에 수직 간격은 최대 40㎝ 이내로, 수평거리는 90㎝를 초과해서는 안 된다고 규정한다. 또한 아연도금 수준 이상의 부식 방지 처리된 철물을 사용해 구조체에 칼블럭(플라스틱으로 된 플러그로 나사못 등을 고정하는데 쓰임) 등으로 고정하고, 철물 끝단에 아연도철선을 걸어 조적 벽체를 내부 구조체와 연결한다.

연결보강재 골조 또는 콘크리트 벽체에 고정해 조적조에 연결하는 고정물. 내벽과 외벽을 고정하고 온도 변화에 따른 수축과 팽창을 흡수한다. 철골조, 철근콘크리트조의 치장벽돌뿐만 아니라 콘크리트블록이나 콘크리트벽돌을 조적할 때도 사용한다. 내단열/외단열에 따라 구분해서 사용한다. 일반적으로 모양에 따라 'L'형, 'I'형, 'ㄷ' 혹은 'C'형으로 구분하며 길이가 긴 앵커를 사용하여 벽체에 고정한다.

구조재 '앵글(angle)'이라고 불리는 제품이 가장 일반적으로 사용한다. 긴 개구부의 보강이나 창의 상인방 또는 고층 건물의 하중 분산을 목적으로 사용되는 구조용과 벽돌의 처짐이나 이탈을 방지하는 목적의 인방용으로 구분된다. 부식으로 인한 백화현상이 발생할 수 있기 때문에 용융도금, 스테인리스 스틸, 아연도금 같은 부식에 강한 재료를 사용해야 한다. 제품, 하중, 설치 위치에 따라 설치 간격을 달리 한다.

백화방지재 백화방지를 위한 철물은 보편적인 명칭으로 통일되어 있다. 조적조와 골조 사이에 습기와 수분으로 생기는 수막현상을 방지하기 위한 '통풍구'와 조적조 최하단부에 설치해 뒷면으로 떨어진 모르타르가 배수구 및 통풍구를 막지 않도록 설치하는 '모르타르네트', 중공벽 사이에 침투한 물이 내부로 유입되는 것을 차단하는 '방수지' 등이 있다.

C형 고정철물
골조 또는 콘크리트 벽체에 고정하여 조적조와 연결하는 고정철물

삼각철물
보강철물들과 와이어 연결판을 연결시켜 조적조를 고정하는 철물

말굽와셔
일정하지 않은 골조와 앵글 사이에 생기는 틈을 막아주는 철물

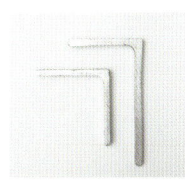

앵글
창과 상인방 또는 고층 건물의 하중을 분산하는 용도로 사용되는 철물

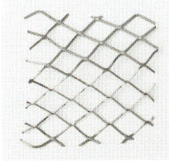

네트
하단에 설치된 배수구 및 통풍구가 막히지 않게 설치하는 철물

Story of Brick

Sort and Structure of Brick

벽돌의 분류와 구성

편집팀

수많은 색상과 모양, 크기의 벽돌이 쏟아지고 있지만 벽돌의 정확한 이름을 알기는 쉽지 않다. 이는 벽돌생산 업체마다 다른 기준과 이름을 사용하는 등 분류 기준이 명확하지 않기 때문이다. 친환경적이며 아름답고 견고한 분위기로 다시 주목받는 벽돌. 명확한 기준으로 분류하고 구분해 보자.

벽돌의 종류

벽돌의 종류는 수십 가지가 넘지만 먼저 재료에 따라 구분하면 크게 점토벽돌Bfs과 콘크리트벽돌Bcc 두 가지로 나눌 수 있다.

일반적으로 떠올리는 벽돌은, 흙을 원료로 하는 점토벽돌이며 가장 흔하게 접할 수 있는 붉은벽돌Bfs01이 대표적인 예다. 점토벽돌은 점토, 백토, 황토, 고령토 등의 흙에서 불순물을 제거한 후 1,200℃ 이상의 열로 구워내어 높은 강도를 지닌다. 이 과정에서 벽돌 내에 여러 크기의 공기층이 형성되어 단열 기능을 가진다. 뿐만 아니라 화학물질을 첨가하지 않고 자연재료인 흙을 반죽해 굽기만 하여 포름알데히드와 같은 유해성 물질이 검출되지 않아 다른 건축재료보다 친환경적이다. 그러나 19세기 이후 철근콘크리트와 같이 벽돌보다 경제적인 건축재료들이 보편화되면서 점토벽돌은 건물에서 하중을 받는 구조재보다 외부를 치장하는 마감재로 주로 사용되었다.

반면 콘크리트벽돌은 점토벽돌과 달리 여전히 구조재로 사용된다. 콘크리트벽돌은 흙보다 저렴한 시멘트와 모래, 자갈 등을 물로 반죽하여 압축, 성형하여 굳힌 것이다. 경제적인 반면 외형이 점토벽돌에 비해 아름답지 않고 투박해 건물 내부의 벽체 등의 구조재로 사용되는 경우가 많다.

점토벽돌의 분류

점토벽돌은 다시 일반 점토벽돌, 고벽돌Bfs02, 파벽돌Bfs03, 전벽돌Bfs04로 구분한다.

일반 점토벽돌Bfs01의 경우 국내에서 자체 생산하거나 중국, 호주 등에서 수입한다. 수입 점토벽돌Bfs08은 대부분 비교적 건조한 지역에서 만들어져 벽돌의 흡수율이 국내산보다 18~20% 높은 편이다. 건조한 지역에서는 공기 중 습도가 낮아 벽돌의 흡수율이 높아도 벽돌의 품질과 강도에 큰 영향을 미치지 않지만, 습한 지역에서 흡수율이 높은 벽돌을 쓸 경우에는 벽돌이 공기 중의 습기를 흡수해 벽돌의 무게가 늘어나고 강도 또한 낮아진다. 따라서 습한 기후에 속하는 우리나라에서 수입 벽돌을 사용할 때에는 환경에 적합한지 한번 더 고려해야 한다.

고벽돌은 짧게는 백 년, 길게는 수백 년 전 사용되었던 오래된 벽돌이다. 시간이 빚어낸 아름다움 덕분에 최근 고벽돌의 수요가 꾸준히 늘고 있다. 대부분 중국에서 수입되며 그 양이 많지 않아 가격이 비싼 편이다.

파벽돌은 사전적 의미로는 모서리 등이 깨지거나 온전하지 못한 벽돌이지만, 실질적으로는 오래된 건물이나 담장을 허물면서 표면에 생긴 요철이 드러난 벽돌이다. 지나간 시간을 그대로 담고 있다는 것에서 오는 낡은 느낌에 사람들이 많이 찾고 있지만 공급량이 일정하지 않다는 단점이 있다.

이렇듯 근래에 치장재의 효과를 주기 좋은 고벽돌과 파벽돌을 찾는 사람들이 많아지고 있으나 공급량은 충분하지 않다. 나노벽돌 이홍석 이사의 말에 따르면, 다수의 벽돌 회사에서는 이러한 흐름에 맞춰 일반 점토벽돌의 표면에 추가 가공을 하여 고벽돌, 파벽돌과 유사한 형태로 만든 신고벽돌Bfs02-1, 인조 파벽돌Bfs03-1 등을 제작하고 있다고 한다.

마지막으로, 우리나라를 비롯한 동양에서 궁궐과 사찰의 담장, 굴뚝 등에 사용하기 위해 제작된 전벽돌이 있다. 흑색을 띤 이 벽돌은 표면에서 원적외선을 방출하고 해충의 접근을 차단하며 자체에 훌륭한 색상과 문양을 지니고 있어 기와와 더불어 전통 건축재료로 꼽힌다. 최근엔 다양한 업체에서 소성된 점토벽돌에 탄소를 침투시켜 다시 구워낸 벽돌을 생산하고 있다. 어떤 업체에선 일반 점토벽돌에 표면만 검은 색상으로 처리해 전벽돌과 같은 느낌을 주기도 한다.

색상에 따른 구분

흙을 구워 만드는 점토벽돌은 생산지의 흙에 따라 색상이 결정된다. 흙이 풍부한 미국, 호주, 중국 등이 주요 벽돌 생산국이다. 이 중 다양한 종류의 흙이 생성되는 호주에선 여러 색상의 벽돌을 쉽게 생산할 수 있다. 그러나 우리나라의 경우 대부분 점토와 백토 두 종류의 흙으로 벽돌을 만들기에 적색, 아이보리색, 회색, 갈색 등의 한정된 색상이 주를 이룬다.

색상은 벽돌을 만들 때 들어가는 점토와 백토의 비율, 즉 재료의 비율을 따르게 되는데 점토 100%의 경우 적토에 백토가 많이 들어갈수록 아이보리색에 가까워진다. 한편, 색상을 내는 가장 기본적인 물질인 망간을 첨가할 경우 초콜릿색인 고동색을 띤다. 최근 벽돌 회사들은 다양한 색상, 질감에 대한 수요에 따라 일반 점토벽돌의 표면을 안료나

Story of Brick 33

점토의 구성 비율과 첨가물에 따라 붉은색부터 은색까지
다양한 색상을 낼 수 있다.

점토 벽돌의 대표적인 예인 붉은벽돌

시멘트와 모래, 자갈을 물로 반죽해 만든 콘크리트벽돌

후가공으로 끝을 둥글린 둥구리벽돌

유약으로 처리하여 여러 색상과 질감의 벽돌을 제작하고 있다.

오래된 고벽돌 중 붉은빛을 띠는 벽돌은 이름 그대로 고벽돌, 회색빛과 푸른빛이 도는 벽돌은 청고벽돌이라고 칭한다. 청고벽돌은 색상이 자아내는 특유의 진중한 분위기로 최근 여러 건축가가 건축물 외부 마감과 인테리어 등에 빈번하게 사용하면서 대세로 떠오르고 있다.

벽돌의 모양과 크기

기본적으로 벽돌은 KS(한국산업규격, 2003년 개정)에 따른 190×90×57㎜의 표준 규격으로 제작된다. 그러나 벽돌이 치장재로 많이 사용되기 시작하면서 기존 내력벽 기능의 넓은 두께는 무의미해졌다. 두께로부터 자유로워진 벽돌은 이제 여러 형태와 크기를 가질 수 있게 되었다. 이에 따라 기존의 벽돌을 다양한 방식으로 절단, 가공하여 새로운 부가가치를 창출하려는 시도들이 늘어나고 있다. 이는 크게 벽돌의 표면을 가공해 질감과 모양을 변형하는 추가 가공 방식과 벽돌의 크기에 변화를 주는 방식으로 나뉜다.

표준 크기로 제작된 벽돌의 추가 가공 방식은 모서리를 깨거나 표면에 요철을 삽입하는 등의 방법으로 파벽돌의 독특한 분위기를 연출하는 것이다. 벽돌의 모서리를 동그랗게 가공한 둥구리벽돌 Bfs05 역시 추가 가공으로 제작된 벽돌이다. 이러한 추가 가공은 기계로 이루어지지만 사람이 직접 가공할 경우에는 좀 더 가격대가 높아진다.

둘째로, 벽돌은 표준 규격 외에는 모두 이형벽돌 Bfs06로 취급한다. 벽돌은 생산 업체마다 205×90×75㎜, 230×90×75㎜, 205×92×57㎜ 등 다양한 규격을 가진다. 최근에는 다른 느낌의 조적을 보여주기 위해 가로변의 길이가 긴 로만벽돌을 쓰기도 한다.

한편 벽돌이 마감재, 치장재로 쓰이면서 쌓는 것이 아닌 타일처럼 접착하는 시공 방식을 사용하면서 일반적인 규격에서 완전히 벗어났는데, 이는 길이가 몇 배로 길거나 폭이 짧아진 벽돌이다. 그러나 길이가 긴 벽돌의 경우, 가공하기 어려울 뿐만 아니라 유통 중 휘거나 금이 가는 등 파손의 위험성이 증가하므로 가격 또한 상승한다. 일례로, 300원짜리 표준 규격의 붉은벽돌에 비해 가로로 세 배 긴 붉은벽돌의 가격은 1만 원에 육박한다. 반대로 벽돌의 폭을 더 짧게 가공하는 경우 타일처럼 시공은 훨씬 쉬워지지만 벽돌을 자르는 날이 두껍고 폭이 짧아지는 만큼 폭에 대한 길이의 비율이 증가해 벽돌 자체가 휠 가능성이 커져 꽤 높은 가격으로 거래된다. 요즘은 벽돌을 이처럼 다른 크기의 타일로 가공하여 판매하는 경우가 많다.

기타벽돌

벽돌 가운데 있는 구멍(중공) 여부에 따라 중공벽돌 Bfs07과 비중공벽돌로 나뉜다. 그 기준은 업체마다 다른데 일반적으로 75%

Story of Brick

흙을 구워 만드는 점토벽돌은 생산지의 흙에 따라 색상이 결정된다.

오래된 시간의 아름다움을 품은 고벽돌

궁궐과 사찰의 담장, 굴뚝 등에 많이 사용되던 전벽돌

최근 길이, 폭, 두께가 다양한 이형벽돌이 많이 생산된다.

이상 막혀 있다면 비중공벽돌로 분류한다. 중공벽돌은 가볍고, 중공의 부피만큼 재료가 덜 들어간다. 강화 철근 같이 철물을 삽입해 수직으로 벽을 쌓을 수 있다. 반면 중공이 많으면 그만큼 강도가 약해질 수 있으므로 힘을 받는 구조용으로는 비중공벽돌을 많이 사용한다.

또 용도에 따라 바닥용 보도블록이나 진입로, 테라스 등을 포장하는 용도의 블록벽돌과 포장벽돌로 분류할 수 있다. 최근 인테리어로 많이 사용되는 벽돌타일도 있지만 조적 방식이 아니기에 이 책에선 다루지 않기로 한다. 내화 진흙이라는 특수한 진흙으로 만들어져 열을 받는 벽난로나 난로 표면에 사용되는 내화벽돌Bfe01도 있다.

이 밖에도 재료에 따라 토석벽돌Bfe02, 유약벽돌Bfs09, 현무암벽돌Bfe03, 화산재벽돌Bfe04, 나무벽돌Bfe05 등이 있다. 소비자는 이런 벽돌의 다양한 종류와 특성을 파악해 선택하는 것이 바람직하다.

벽돌의 기능

벽돌은 일반적으로 외장재로 사용된다. 하지만 벽돌이 특별한 기능을 갖는 건축재료가 아니기 때문에 방수나 흡음성에 대한 궁금증이 생긴다. 이에 대해 전문가들은 "벽돌은 방수성이 특별히 있는 것은 아니지만 굳이 따지자면 점토벽돌Bfs은 밀도가 높고 잘 구워진 제품이 방수성이 좋다"고 한다. 벽돌은 구멍이 있기 때문에 물을 흡수하기도 하고 흡음 기능 또한 별도로 가지고 있지 않다. 그러므로 흡음을 하려면 두 겹으로 쌓거나 가운데에 단열재를 추가하는 방법이 있다. 또한 모르타르(시멘트 접합) 부위에서 물을 받아들여 방수에 취약한 면이 있기에 구조상 물이 지나가는 부분에는 기본적인 방수처리를 꼭 해야 한다. 한때 귀농과 웰빙문화가 유행하면서 전원주택용으로 황토벽돌Bfs01이 유행했었다. 그 이유 중 하나는 재료가 '황토'라는 것과 원적외선 방출이었는데, 원래 벽돌의 주재료는 흙이며 굽기 방식이 모두 같기에 원적외선 방출은 모든 벽돌에서 공통적으로 나타난다.

벽돌의 종류와 코드

- 🟠 **점토벽돌**Bfs
  - 일반 점토벽돌(붉은벽돌, 황토벽돌 등)Bfs01
  - 고벽돌Bfs02, 신고벽돌Bfs02-1
  - 파벽돌Bfs03, 인조파벽돌Bfs03-1
  - 전벽돌Bfs04, 유약전벽돌Bfs04-1
  - 후가공벽돌Bfs05
  - 이형벽돌Bfs06
  - 중공벽돌Bfs07
  - 수입벽돌Bfs08
  - 유약벽돌Bfs09
- 🟣 **콘크리트벽돌**Bcc
- 🟠 **바닥용 보도벽돌**Bfb
- 🟣 **기타벽돌**Bfe
  - 내화벽돌Bfe01
  - 토석벽돌Bfe02
  - 현무암벽돌Bfe03
  - 화산재벽돌Bfe04
  - 나무벽돌Bfe05

Story of Brick

2　　　　　　　　　　　　Brick and Issue

적층된 시간의 매력을 품고 있는 경동교회

Prospect of Brick

벽돌의 현재와 미래   편집팀

정부 주도의 주택보급이 활성화되던 1970년대부터 1990년대까지는 '벽돌의 시대'였다. 그러나 이후 구조와 건축 재료의 발달로 벽돌은 저렴한 저층 건축 재료로 낙인찍혔다. 최근 다시 부활하고 있는 벽돌의 매력과 미래를 가늠해보자.

대학로에선 벽돌 건물을 흔하게 볼 수 있다.

근대성의 상징인 벽돌

일제강점기 근대건축이 들어오면서 우리 생활에 벽돌이 본격적으로 자리잡기 시작했다. 당시 신재료였던 벽돌은 '근대성'의 상징이었다. 광복 후 전란으로 폐허가 된 서울을 신속하게 복구하는 데에도 재활용이 가능한 재료로 벽돌만큼 쉽게 구할 수 있는 것이 없었다. 1970년대 이후 소규모 주택을 공급하는 '집장사'들이 만드는 '불란서 2층 양옥집'이 유행했을 때에도, 그 집들은 주로 붉은 벽돌집이었다. 이후에 '집' 하면 자연스레 '붉은 벽돌집'을 떠올릴 정도로 많은 벽돌집이 지어졌다.

한편 대한민국의 산업화가 급속하게 진행되면서 많은 사람들이 지방에서 올라와 서울에 정착하게 되는데, 서울을 둘러싸고 있는 남산, 인왕산, 낙산, 관악산 주위의 산동네에 좁고 비탈진 골목길을 만들면서 많은 무허가촌이 형성되었다. '달동네'라는 별칭을 얻은 이러한 주거지는 창신동, 금호동, 이태원, 난곡동, 홍제동 등 서울의 여러 곳에 형성되었다. 별다른 시공 장비가 진입할 수 없는 좁고 비탈진 길과 저렴한 공사 인건비 등의 이유로 달동네의 집들에도 역시 벽돌이 널리 쓰이게 되었다.

1972년 건축가 김수근은 전벽돌로 원서동의 공간 사옥을 지으면서 벽돌 건축의 전성기를 열었다. 또한 1977년 대학로에 건축가 박길룡이 설계한 문예진흥원 본관(구 서울대학교 본관, 현 예술가의 집)과 재료의 맥락을 같이하며, 문예회관의 전시장과 공연장(현 아르코 미술관과 예술극장), 샘터 사옥, 해외개발공사 사옥 등을 연달아 벽돌로 축조하였다. 그는 "건축은 빛과 벽돌이 짓는 시"라고 표현했을 정도다. 이러한 벽돌건축의 이미지는 대학로의 문화 공간 성격을 구축하였으며 흥사단, 바탕골소극장, 두손갤러리, 동성고등학교 등으로 이어져나갔고, 청바지와 통기타로 대변되는 낭만적인 문화의 요람이 되었다. 김기석의 우리마당 연작은 홍익대학교 앞의 낭만적인 기운을 벽돌로 표현하였으며 지금은 철거된 극동방송국 역시 벽돌로 건축되었다. 이후 공간 출신의 많은 건축가들이 벽돌건축을 실현하였고, 이후 포스트모더니즘이 소개되는 1980년대 말까지 벽돌은 한국의 건축가들이 가장 사랑하는 재료로 자리 잡았다.

1980~90년대 이후 아파트 시장의 활황으로 대형 건설업자들이 콘크리트로 아파트를 수없이 짓고 있을 때, 소규모 주택 시장의 집장사들은 공동주택에 '빌라'라는 이상한 이름을 붙이고 콘크리트 내력벽 위에 화강석을 건식으로 붙인 저품질 주택을 양산했고, 자연스레 대중은 붉은 벽돌집이 싸구려 집이라는 인식을 갖게 되었다. 기술의 발달과 재료의 다양화 역시 벽돌을 멀어지게 만든 원인 중 하나다. 어떤 건축가들은 물성을 드러내는 재료로써 노출콘크리트를 진지하게 탐구하기 시작했으며, 어떤 건축가들은 건물의 '스킨'이라 하여 건물 외벽을 금속 패널로 치장하는데 몰두하기도 했다. 이 사이에 벽돌건축은 점차 건축가들의 관심에서도 멀어져갔다.

서울의 주택가에서 흔히 볼 수 있는 벽돌집

다시금 주목받는 벽돌

최근엔 구조재가 아닌 치장재로 새롭게 각광받기 시작하며 다양한 색깔과 독특한 쌓기 방식으로 건물의 외벽에서 개성을 드러내고 있다. 벽돌이 주목받게 된 것은 크게 두 가지 이유에서다. 첫째, 건축 기술의 발달로 건물의 힘을 받는 구조체로부터 독립해 외장재로 자유로워졌다. 둘째로, 벽돌을 활용한 다양한 쌓기 방법이 개발되고 철물의 개발로 높이 쌓는 것이 가능해지면서 고층 건물의 외부를 벽돌로 장식하여 얻어지는 시각적 독특함이 눈길을 끌게 되었다.
그러나 무엇보다 가장 중요한 것은 자연스럽고 친숙한 분위기다. 벽돌은 흙을 구워서 만든다. 그리고 천연 재료라는 이미지와 더불어 가지런한 줄눈은 안정감을 준다. 한국처럼 다습하며 기후 변화가 심한 곳에선 건축 재료의 오염이 빈번한 편인데 벽돌은 다른 건축 재료에 비해 변형이나 오염에 대한 문제가 상대적으로 적다. 이것이 많은 사람들이 벽돌 외벽을 선호하는 이유다.

2000년대 후반에 벽돌은 다시 건축가들의 조명을 받게 되었다. 황두진건축사사무소

위에서부터 콜룸바 미술관, 런던정경대 학생회관, 서펜타인 파빌리온 2016의 모습

황두진이 벽돌의 다공성에 대하여 다양한 실험을 하고, 원오원 아키텍츠 최욱은 벽돌이 갖는 수공예적인 가치를 재발견하면서 벽돌이 다시 건축가들의 관심을 받게 된 것이다. 매스스터디스 조민석은 픽셀하우스(2004)를 통해 벽돌이 가지는 디지털적 이미지를 표현하고자 하였으며, 이태원의 르 베이지(2013)는 벽돌 하나하나를 디지털적으로 가공하여, 미래적인 느낌의 벽돌벽을 선보였다. 그 외에 와이즈건축의 장영철, 전숙희는 ABC 사옥(2013)과 전쟁과여성인권박물관(2012) 등에서 다공질의 벽돌벽을 건식으로 쌓는 방법을 선보였고, 조호건축사사무소의 이정훈은 벽돌과 돌을 벽돌 크기 정도로 가공해 함께 혼합하여 쓰거나, 쌓기 방법을 달리하여 다른 개성을 지닌 벽돌건축을 선보이고 있다.

벽돌의 미래

벽돌의 가능성은 크게 두 가지다. 벽돌 재료 자체의 개발과 쌓는 방식의 진화다. 벽돌은 더 단단하고 친환경적이며 다양한 개성을 가진 건축 재료로 개발되고 있다. 최근엔 벽돌을 하나하나 수공예로 만드는 실험이 활발하다. 대량생산의 시대에 작고 개성 있는 것의 가치가 더 빛나기 때문이다.

영국 웨일스의 데니스 루아본(Dennis Ruabon)社는 이형벽돌Bfs06을 소량으로 생산할 수 있는 작은 규모의 가스 가마를 운영한다. 이 가마에서 48시간 동안 소성하고 건조한 '건축벽돌'을 생산하고 이렇게 이틀 동안 시간을 들여 만든 벽돌은 영국의 벽돌건물을 보수하는 데 폭넓게 사용된다. 덴마크의 페터슨 타일(Petersen Tegl)社는 세계적인 스위스의 건축가 피터 줌토르(Peter Zumthor)와 협업해 전통적인 수작업으로 콜룸바 벽돌을 만들어 독일 쾰른의 콜룸바 미술관(Kolumba Museum)에 사용했다. 목탄으로 구워낸 이 회색 벽돌은 따뜻한 느낌과 시간성을 품고 있어 중세시대 교회였던 과거, 고대 로마시대의 폐허와 자연스럽게 어울리며 새로운 전시 공간을 만들었다. 2014년 영국의 벽돌개발협회(UK Brick Development Association)에서 수여하는 벽돌상 대상을 받은 런던정경대(London School of Economics)의 학생회관은 건축가 오도넬 & 투오미(O'Donnell + Tuomey)가 17만 5,000개의 벽돌을 개별 목재 몰드에 넣어 만들고 손으로 빚은 얼룩덜룩한 표면으로 마감을 하였다. 이에 대하여 심사위원들은 "벽돌의 새로운 언어를 창조하였다"고 평가했다.

이렇게 벽돌 자체를 개발하면서 동시에 쌓는 방식에 대한 연구도 활발하다. 디자인 툴의 개발로 비정형의 벽돌 디자인이 간편해지고 사람의 손이 아닌 로봇과 같은 장비를 이용하기도 한다. 특히 3D 프린터를 이용해 작은 단위의 벽돌을 쌓아 올리는 방법 등 다양한 구축법도 활발하게 연구 중이다. 스위스의 건축사무소 그라마찌오 콜러 아키텍츠(Gramazio Kohler Architects)는 혁신적인 디지털 제작을 시도하는 회사다. 스위스의 벽돌 공장인 켈러 에이지 지에젤레이엔(Keller AG Ziegeleien)社의 파사드 제작을 위하여, 이들이 개발한 로봇 팔인 로브메이드(ROBmade)를 사용해 패턴 형태로 벽돌을 배치해 접착제를 붙인다. 로브메이드를 이용하면 사람의 손으로 제작한 때보다 훨씬 쉽게 격자 모양의 벽돌 구조물을 만들 수 있다. 또, 중국의 아키 유니온 아키텍트(Archi-Union Architects)는 상하이 전시 공간을 리모델링하며 로봇을 사용해 비정형으로 쌓기도 했다.

네덜란드 암스테르담의 디자인랩 워크숍(Design Lab Workshop)社의 공동 설립자인 브라이언 패터스(Brian Peters)는 수년간 3D 프린터에 관해 연구하며 유럽세라믹워크센터(European Ceramic Work Centre)에서 건물의 벽이나 기타 구조물에 사용할 수 있는, 3D 프린터로 만든 세라믹 벽돌을 소개했다. 이동식 3D 프린터를 이용하면 이 시스템은 대규모 공사 현장에서 벽돌을 만들 수 있다.

실제 벽돌은 아니지만 덴마크의 건축가 그룹 BIG(Bjarke Ingels Group)가 최근 디자인해 주목받은 런던의 서펜타인 파빌리온2016은 언집드월(Unzipedwall)이라는 제목으로 1,082개의 유리섬유 프레임을 벽돌처럼 쌓아 자유로운 곡선 형태의 공간을 만들었다.

벽돌은 작은 유닛의 반복과 조적 방법에 따른 변화무쌍한 가능성을 가지며 다양한 연구와 기술개발에 따라 우리의 집과 도시 그리고 미래를 바꿀 중요한 재료로 주목받고 있다.

Environmental-Friendly Brick

벽돌과 친환경

박지일 에디터

세계적으로 저탄소, 녹색성장 기조가 대세를 이루고 있으며 친환경 건축 붐을 타고 벽돌에서도 변화의 조짐이 보이고 있다. '값 싼 재료', '붉은벽돌 집'이라는 타이틀을 벗고 다양한 색상과 개성 있는 형태로 변화를 거듭하고 있다. 특히, 벽돌은 점토 흙으로 만드는 자연재료인 만큼 벽돌이 가진 친환경 이미지는 '웰빙 시대'에 맞춰 더욱 주목받고 있으며 벽돌 제조 업체에서도 친환경을 강조한 제품을 개발하여 홍보에 열을 올리고 있다. 그렇다면 과연 벽돌은 친환경 재료일까? 벽돌 제작 공정부터 차근차근 짚어보자.

근래에 친환경에 대한 관심이 높아지면서 석유 대신 LNG로 연료의 종류를 바꾼 공장이 종종 있다.

친환경 재료로 주목받는 벽돌

벽돌, 특히 점토벽돌Bts의 주원료는 100% 흙이다. 벽돌은 1,200℃ 이상의 고온에서 구워져 다양한 기공층이 있으며 단열, 흡음, 탈취, 항균 효과가 뛰어나다고 알려져 있다. 발암 유해 물질인 포름알데히드, 휘발성 유기화합물 등이 검출되지 않고, 광촉매 작용으로 유해성 물질을 흡착하고 분해하는 작용을 한다. 또한 열전도율이 낮아 에너지 절감은 물론 쾌적한 환경을 만들어주는 친환경 자재로 인식된다. 이는 점토벽돌의 가장 큰 장점이자, 주거에 관심이 높아진 요즘 가장 각광받는 건축재료로 사용되는 주된 이유다. 유럽 전역을 비롯한 미국, 호주 등의 선진국에서는 일찍부터 건축자재와 바닥재 등에 흙을 원료로 하는 다양한 자재의 개발이 활발하고 외장재로도 많이 사용된다. 특히 네덜란드의 경우 주택의 90%가 외장용 건축자재로 벽돌을 사용하고 있다.

벽돌, 과연 친환경적일까?

많은 사람들이 벽돌을 친환경 자재라고 인식한다. 하지만 냉정히 보면 그렇지 않다. 알다시피 '친환경'은 두 가지 경우에 모두 통하는데, 하나는 에너지를 절감하고 이산화탄소 배출을 최소화하는 등의 '환경 보존'이며, 다른 하나는 산업 폐기물이나 부산물을 재활용한 '자원문제 해결'이다. 벽돌 생산공정을 살펴보면 과연 벽돌이 친환경적인가 하는 의문이 생긴다. 우선, 점토벽돌은 흙을 고온에서 36시간 이상 구워 만드는데, 이를 위해 석탄이나 가스, 전기와 같은 에너지가 대량으로 필요하다. 또 이때 발생하는 이산화탄소는 지구온난화의 주범이기도 하다. 벽돌 자체는 인체에 무해하더라도 생산과정에서 지구 환경을 파괴하는 이중성을 갖는 것이다.

벽돌 자체의 물성이 친환경적인가에 대해서도 한번 생각해볼 필요가 있다. 다양한 질감과 색을 원하는 소비자의 요구에 부응하기 위해 벽돌 회사는 제작 과정에서 여러 화학 첨가물을 사용한다. 그 중 플라이 애시(fly ash)가 있다. 플라이 애시는 석탄이나 중유 등을 연소한 뒤 바닥에 남은 부산물을 지칭하는 단어로 흔히 '재'라고 보면 된다. 국내의 벽돌 생산업체 85%는 점토벽돌의 제작에 이 플라이 애시를 첨가한다. 또, 군산 소재의 벽돌 생산회사인 대평세라믹스는 2001년부터 플라이 애시를 사용해 벽돌을 생산해 국립기술품질원으로부터

점토벽돌의 주원료는 100% 흙이다.

업계 최초 우수재활용인증(GR, Good Recycled)을 받기도 했다. 2004년에는 특허도 등록했다. 그렇다면 과연 플라이 애시는 어떤 역할을 하는 것일까?

플라이 애시는 연료를 태울 때의 발화점을 낮춰주어 더 낮은 온도에서도 벽돌을 구울 수 있도록 돕는다. 하지만 플라이 애시는 원료의 불완전연소 후 남은 잔유물이다. 석탄이나 석유 등에 있던 탄소가 고스란히 남아있어 강열휘발분 등의 성분이 포함되어 있고 중금속 등도 잔존한다. 많은 벽돌 제조 업체에서는 플라이 애시를 사용한 덕분에 산업 폐기물을 재활용해 자원의 순환을 돕고, 폐자재를 매립하지 않아 토양 오염을 막는다고 선전한다. 하지만 산업폐기물과 부산물로 만들어진 재료가 진짜로 안전한지, 그리고 친환경 재료인지에 대해 의문의 목소리가 높다.

환경부에서는 건축 폐기물, 화학 폐기물을 재활용하여 토지 오염을 줄이고 굽는 과정에서의 에너지 절감과 탄소의 배출을 줄인다는 이유로 플라이 애시를 사용한 벽돌 업체에 친환경인증을 부여한다. 그러나 국토교통부에서는 이런 폐기물을 사용 불가한 유해물질로 지정하고 있다. 이러한 비논리적인 인증제도는 인증이라는 포장으로 환경문제 및 벽돌의 질과 상관없이 이익에 급급한 업체들의 배만 불리고 소비자를 기만한다. 이화벽돌의 류도열 차장은 "플라이 애시를 사용하여 벽돌을 제작하는 적지 않은 회사들이 폐기물 절감을 이유로 친환경인증을 받아 승승장구할 때, 정작 친환경 재료만을 고집하며 벽돌을 제작하는 우리 회사는 그 어떠한 친환경인증도 받지 못했다"며 친환경인증에 대한 불만을 표출했다. 소비자가 만족하고 인정할 수 있는 명확한 인증제도의 개선이 요구된다.

환경을 위협하는 저품질 벽돌의 위험성

지난 2014년 제대로 정제되지 않은 플라이 애시가 레미콘의 재료로 유통된 사실이 밝혀져 많은 이들의 공분을 샀던 사례에서 알 수 있듯, 재활용과 기술개발의 의무 및 책임은 제조 업체에 있다고 하더라도 실제 처리는 위탁 업체에서 이루어지므로 관리가 제대로 이루어지지 않는 것이 현실이다. 특히 재활용 실적과 보고의 의무가 없는 위탁 업체는 품질 저하 제품을 유통하면서도 법적인 책임을 지지 않는 일이 발생한다. 산업 폐기물 자체가 인체에 유해하다는 의견이 조금씩 공론화되고 있으며, 현재 업계 선두 업체인 삼한C1과 이화벽돌은 플라이 애시를 전혀 사용하지 않는다고 공식적으로 언급하기도 했다.

점토벽돌에 비해 가격이 2~3배 저렴해 다양한 분야에 종종 사용되는 콘크리트벽돌 Bcc은 제조 과정에서 이산화탄소를 대량으로 방출할 뿐 아니라, 주재료인 석회석에 각종 폐기물을 섞어 환경오염과 인체유해성 논란이 끊이지 않는 등의 문제가 지속되고 있다.

빈티지한 느낌으로 최근 인기가 높은 고벽돌 Bfs02의 경우에는 그 심각성이 더욱 높다. 고벽돌은 오래된 건물에서 뜯어내 재활용하는 벽돌로, 2000년대 초반부터 카페나 고급 주택, 고급 레스토랑 등에서 고풍스러운 분위기를 연출하기 위한 소품으로 사용되어왔다. 최근에는 내외장재로도 많이 사용되면서 수요가 점점 증가하고 있으나 벽돌의 출처는 정확하지 않다. 고벽돌은 주로 오래된 건물을 철거하여 나온 자재를 업체가 저렴한 가격으로 구매하여 소비자에게 되파는 구조를 이루고 있다. 그러나 이러한 자재는 산업 폐기물에 해당하는 것일뿐만 아니라 오랜 시간 인이 박힌 화장터의 벽돌까지 무분별하게 수입되고 있다. 이처럼 출처가 불분명한 고벽돌이 시장에 꾸준히 유통되고 있다. 한 유통 업체 관계자는 "고벽돌은 인기가 많아 어디서든 잘라오면 무조건 고가에 팔 수 있다"고 말한다. 고벽돌의 수요가 증가하자 중국에서도 단가를 올리기에 급급해 저질의 내화벽돌 Bfe01을 치장재로 둔갑시켜 비싸게 수출하는 악순환도 발생한다. 또한 건축물을 해체하는 과정에서 벽돌을 시멘트와 분리하고 청결하게 세척한 후 관리해야 하지만 이에 대한 법적 근거도 없거니와 인건비 증가로 거의 지켜지지 않고 있다. 한국산 벽돌은 1,150℃ 이상의 고온에서 소성하여 최소 100년 이상의 내구성을 지니도록 생산과 유통을 법적으로 규정하고 있으나, 중국산 벽돌은 400℃ 이하의 저온에서 소성함에 따라 강도 및 내구성이 떨어지며, 국내 기후 실정에도 맞지 않아 동파 및 백화현상의 부작용을 일으킬 수도 있다.

한국산 벽돌은 1,150℃ 이상의 고온에서 소성하여 최소 100년 이상의 내구성을 지니도록 생산과 유통을 법적으로 규정하고 있다.

벽돌은 흙으로 만들어지고 시간이 지남에 따라 다시 흙으로 돌아간다.

친환경 벽돌의 국내외 현황

영국에서는 최근 이산화탄소를 배출하는 것이 아니라 거꾸로 이산화탄소를 흡수하는 혁신적인 개념의 그린시멘트가 개발되고 있다. 영국의 벤처 기업인 노바셈(Novacem)은 자사의 '그린시멘트'로 기존 시멘트를 대체할 때 시멘트 1t당 1t의 이산화탄소 배출을 줄이는 효과가 있다고 주장한다. 이러한 업계의 노력은 온실가스 감축을 통해 지구온난화를 막고 자원 절약과 환경 보전도 할 수 있는 효과를 가져온다.

아랍에미리트 샤리자 아메리카(Sharjah America) 대학교의 진저 크리크 도지어(Ginger Krieg Dosier) 교수는 박테리아와 칼슘, 클로라이드 등을 섞어 끈적거림이 없는 모래와 같은 재료를 단단하게 결속시킬 수 있는 기술을 개발하였다. 박테리아를 이용한 이 기술은 굽지 않아도 되어 구울 때 필요한 에너지 절감은 물론 환경오염도 방지할 수 있다. 흙이나 모래 등에 같은 기술이 적용되어 제품화가 되면 연간 8억t의 이산화탄소 배출을 줄일 수 있을 것이라는 긍정적인 전망이다.

일본의 시공 및 디자인 회사인 티아이에스앤파트너스(TIS & Partners)는 이산화탄소를 이용하여 모래를 경화시켜 재난지역 등 재료의 빠른 수급을 필요로 하는 곳에서 사용할 수 있는 벽돌을 개발하였다. 이 벽돌은 콘크리트 대비 2.5배의 인장강도를 가지고 있으며, 철근보강을 줄여주어 궁극적으로 건물의 수명을 높이는 데 일조할 것으로 기대된다.

우리나라에는 친환경인증을 받아 판매 증진을 꾀하는 업체가 많다. 국가과학기술정보센터 NDSL(National Digital Science Library)에 등록된 벽돌 관련 논문 대부분도 폐자재를 활용한 친환경을 강조하는 논문이다. 실제로 환경에 유익하면서도 편리한 재료 개발을 위한 연구 사례가 필요하다.

Distribution of Bricks

벽돌의 국내 제작과 유통 현황 심영규, 양은혜 에디터

벽돌 생산 공장은 대부분 점토가 좋은 곳에 있지만 현재에는 몇 군데 남아있지 않다. 수작업으로 구워내던 과거의 재래식 가마는 대형 터널식 가마로 변경되었으며, 이에 따라 생산량이 급증하여 큰 업체를 중심으로 통폐합되었다. 옛날에는 운반의 어려움 때문에 생산공장 주변에서 소비되곤 했지만, 지금은 교통의 발달로 원거리 운송도 가능해졌다. 현재 국내 공장은 30여 곳. 제작과 유통 현황을 알아본다.

업체의 종류

일반적으로 벽돌업체의 이름은 'OO벽돌', 'XX세라믹', 'YY연와'라는 명칭을 주로 사용한다. 연와(煉瓦)는 '구워낸 기와'라는 뜻으로 벽돌의 한자식 표현이다. 업체의 종류는 아래와 같이 크게 네 가지로 나눌 수 있다. 공장을 가지고 생산만 하는 업체(A), 생산과 가공, 유통을 함께 하는 업체(B), 생산을 하지 않고 유통과 후가공을 하는 업체(C) 그리고 유통만 하는 업체(D)이다. 공장을 가진 업체는 주로 도심이 아닌 지방이나 외곽에 위치하며 대부분 유통을 병행한다. 도심에 있는 벽돌 전시장은 유통만 하는 경우다. 그리고 생산 업체는 대도시에 사무소나 전시장을 두기도 한다.

벽돌 포장은 대부분 벽돌을 나무 또는 플라스틱 팔레트에 실어 지게차로 운반하는 형식이다. 벽돌 크기마다 다르지만 한 팔레트에 1,000~2,000개 정도의 벽돌이 실린다. 소비자의 주문과 유통도 마찬가지로 팔레트 단위로 한다. 공장을 방문하면 다양한 종류의 샘플 벽돌을 직접 만져보고 전시장을 함께 볼 수 있다.

벽돌 생산지는 원료가 되는 흙이 중요해 교통이 좋은 수도권 일부와 점토가 우수한 전라권 일부에 주로 몰려 있다. 기존에는 한강, 금강, 낙동강, 임진강 유역에 벽돌 공장이 다수 자리했으나 기계 설비기술이 좋아지고, 도시개발로 인해 전라도, 충청남도, 경기도 일대 지역에 고루 분산됐다. 4장의 부록과 같이 크게 수도권, 전라권, 경상권, 충청권, 네 곳으로 분류해 벽돌 업체를 알아본다.

공장에서 생산된 벽돌은 포장을 마치고 3층 높이의 팔레트에 야적되어 유통사 및 소비자를 기다린다.

벽돌 업체를 찾아서

수도권에는 평택의 우성세라믹스와 경기도 여주의 이화산업이 규모가 크다. 우성세라믹스공업(우성벽돌)은 1982년 삼화요업이란 이름으로 설립됐다. 1992년에 평택에 있는 공장이 전자동시스템으로 완공됐고, 1995년엔 도자기벽돌 생산 시설을 갖췄다. 현재 평택, 괴산에 위치한 공장에서는 연간 7,000만 장을 생산하고 있다. 경기도 화성시에 있는 세화벽돌은 주로 중국산 수입 벽돌을 후가공해서 다양하게 유통하는 곳으로 후가공 공장 중 가장 규모가 크다. 담당자는 "과거 7~8년 전 처음 중국에서 고벽돌을 들여왔는데, 4~5년 전부터 인기가 높아졌다"며 "당시엔 ㎡당 3,500원 정도였는데, 현재는 2만 원이 넘는다"고 말했다. 특히 "최근에는 특이하게 생긴 벽돌을 선호하기 때문에 대만이나 다른 항구가 있는 지역에서 독특한 벽돌을 수입한다"고 말했다.

이화산업은 1955년 창립해 60년 이상의 전통이 있는 업체다. 주로 붉은벽돌을 전문적으로 생산하고 최근 유행하는 전벽돌이나 고벽돌 같은 종류는 취급하지 않는다. 그렇기에 붉은벽돌의 품질이 우수하다. 일반 소비자도 소매가로 구매 가능(270원~450원)하며, 기존에 생산하는 붉은벽돌에 유약을 발라 색을 입힌 종류가 몇 가지 있고, 유약이 녹아 자기질화되어 도자기 같은 표면을 나타내는 벽돌도 있다. 굽는 불의 세기에 따라 붉은벽돌도 고른 붉은색이 나오게 할 수도, 명도가 제각기 다르게 나오게 할 수도 있다.

충북권에는 홍익벽돌(구 충남연와)이 유명하다. 홍익벽돌은 공장이 없는 대규모 유통 업체로 큰 규모의 전시장을 두고 다양한 종류의 벽돌을 취급한다. 부지가 넓어서 여러 생산 업체의 제품을 함께 유통하기도 한다. 충청북도 청주 시내에 있는 청주연와상사는 주로 유통을 하는 곳이지만 디자인툴을 이용해 설계된 건축 입면에 미리 적용해볼 수 있다. 생산을 하는 곳 중에서는 성산세라믹이 그 규모가 크다. 멀리서도 보이는 큰 굴뚝이 인상적이다. 공장 초입에 사람의 형상에서 따온 벽돌 조형물이 눈길을 끈다. 최근 석유 대신 LNG로 생산시설을 개선했다. 거대한 가마와 가공시설, 포장까지 일괄 생산하는 곳이다.

다양한 종류의 샘플을 직접 만져볼 수 있는 나노벽돌 강남전시장 내부 모습과 이홍석 이사

호남권에는 대평세라믹이 유명하다. 국내 최초로 플라이 애시를 활용한 공정을 개발해 기술특허를 얻었다. 한일세라믹은 유통과 가공을 전문으로 하며 주로 중국산 벽돌을 수입해서 가공하여 판매한다.

경상권에는 예천의 삼한C1이 있다. 삼한C1은 점토벽돌과 바닥용 블록을 주로 생산한다. 플라이 애시를 사용하지 않고 다른 첨가물 없이 점토 비율로만 다양한 색을 낸다. 한승윤 사장은 "순수한 본연의 재료로 돌아가야 한다"며 "특수벽돌보다 기본적인 점토벽돌의 품질 개발에 초점을 둔다"고 말한다.

벽돌 주문과 가격

벽돌은 재료의 특성상 깨지기 쉽고 무거워 원거리 유통이 쉽지 않다. 소비자나 시공자, 중간상인이 주문하면 공장에서 현장까지 바로 배송되어야 한다. 중간에 많은 물류 창고를 거치지 않는데 그 이유는 유통 과정이 복잡할수록 파손되기 쉽기 때문이다. 벽돌의 구매는 벽돌 공장에 직접 주문하거나 도심에 마련되어 있는 벽돌 전시장을 통해 가능하다. 업체마다 다르지만 생산 공장을 가진 업체는 전시장과 가격 차이 별로 없으나 수요량과 운임 비용에 따라 변동된다. 가장 많이 사용되는 기준 크기를 보면, 시멘트 벽돌의 단가는 52원에서 100원 정도이며 붉은벽돌은 230원에서 500원으로 시중가 평균은 250원 정도다. 특히 붉은벽돌은 브랜드와 관계없이 가격 차이가 크지 않다. 나노벽돌의 이홍석 이사는 "가격의 기준은 크기, 재료, 색상과 추가 가공 여부 등이며, 벽돌 가격에서 큰 비중을 차지하는 것은 운반비"라고 말한다. 특히 이형벽돌 중 크기가 커지거나 길이가 긴 것은 휘거나 금이 갈 가능성이 높으므로 가공과 유통이 어려워 단가가 높아진다. 재료를 기준으로 하였을 때 저렴한 가격순으로는 순수점토, 점토와 백토를 혼합한 벽돌, 백토, 백토와 망간(색상을 내는 특수 물질)을 혼합한 벽돌이다.

색상 기준으로 저렴한 가격의 벽돌에는 아이보리, 핑크, 회색이 있는데 벽돌의 색은 점토의 비율과 온도 차이로 조절된다. 벽돌 업체에서는 새로운 벽돌을 지속적으로 연구하는데 대부분 색깔과 톤을 개발한다. 벽돌이 구조재보다 치장재로 수요가 많기 때문이다.

후가공으로 둥글게 만드는 공정은 인건비와 파손 위험을 감안하여 기존의 벽돌 가격에서 약 120원에서 150원 정도 추가된다. 그 외에 파벽돌의 느낌을 주기 위해 요철가공을 하는 경우는 수공예 벽돌에 포함되는 것으로 기계나 사람이 직접 가공한다.

Reportage 1

벽돌의 매력을 만들다
삼한C1 대표 한삼화

심영규, 박지일 에디터

삼한C1은 1978년 창립된 국내 대표적 벽돌 제작 업체다. 초기엔 대구 달성군에 공장을 세웠다가 1990년 현재 위치인 경북 예천으로 이전했다. 2003년 450억 원을 투자해 제2 공장을 증설했다. 현재 5만 5,000평 부지에 9,000평의 공장을 가동 중이다. 매년 건축용 황토벽돌Bfs01 9,300만 장, 바닥용 보도벽돌 4,200만 장을 생산하며, 하루 최대 40만 장을 생산할 수 있는 자동화 시설을 갖추고 있다. 삼한벽돌은 2012년 조달청우수제품지정 1호로 지정됐고 정확한 규격과 품질을 자랑한다. 지난 1월 대표이사 한삼화 회장을 만나 벽돌의 매력과 현재 그리고 미래에 대해 물었다.

감씨(감) 국내를 대표하는 벽돌 제조 업체다. 벽돌의 매력이 무엇이라고 생각하나?

한삼화(한) 친환경 재료, 천연 습도 조절, 탄소흡착분해, 악취 제거, 단열, 원적외선 방출 등 일일이 나열할 수 없다. 가장 매력적인 부분을 꼽자면 사람과 공간, 환경, 도시를 연결해주는 가장 자연스러운 매개체라는 것이다. 우리 공장의 모든 공간은 이곳에서 생산되는 벽돌로 만들어졌고, 심지어 내가 거주하는 공간 역시 모두 벽돌로 꾸몄다. 다른 건축재료는 건물을 유지, 관리하는데 많은 비용이 들고 페인트와 분진 등 환경오염도 유발한다. 그러나 벽돌을 이용하면 관리와 보수가 필요 없고 위에 나열한 다양한 장점을 모두 누릴 수 있다. 벽돌 제조 업체의 대표여서 이렇게 말하는 것이 아니라, 최근 건축재료로 벽돌이 각광받는 것을 보면 충분히 알 수 있는 사실이다.

감 벽돌은 과거 구조재 위주에서 최근 치장재로 변화하는 시점인데 색감과 질감 등 다양한 수요에 대응하는 방법은?

한 모든 사람의 눈높이에 맞는 다양한 색상을 제공할 수 있느냐가 기준이라면, 아직 한계가 있다. 색상이 다양해도 모두가 만족하긴 어렵다. 대신 우리 제품은 인공적으로 색을 내지 않고 흙과 흙의 배합에 의한 자연적인 색감으로 만든다. 모두가 만족하지는 않아도 누구에게나 친근한 색상으로 개발해 생산하고 있다. 또한 크기의 다양화에 대한 요구가 많지만, 표준 규격은 정해져 있기 때문에 그런 변화들이 시장의 급격한 수요 증가로 이어지기는 어렵다고 본다.

① 전국 각지에서 선별한 우수한 품질의 흙, 황토를 모아놓은 원토장. 향후 10여 년간은 거뜬히 사용할 만큼의 원토를 보유하고 있다.

② 원료 속 철 조각 및 석재를 선별하는 전자석 및 석별기. 전자석은 흙 속에 있는 철을 전자기의 힘으로 분류하고 석별기는 흙 속에 혼합되어 있을 수 있는 15㎝ 이상의 석재를 분류한다.

③ 분류되어 가공된 원토를 이용하여 규격화된 형태의 제품을 만드는 성형 공정

④ 겉모양이 형성된 원료를 치수에 따라 정확하게 절단하는 다단 절단기. 1회당 1~16매를 절단하며 제품의 규격과 휨을 결정하는 중요한 과정이다.

⑤ 제품이 함유하고 있는 수분을 제거하는 공정. 자동화로 온,습도, 풍량 및 풍속을 조절한다. 50~100℃ 온도에서 72시간의 건조를 거친다.

⑥ 건조된 벽돌을 제품에 따라 방법을 달리하여 적재하는 소성적재 과정. 원활한 열교환이 가능하도록 적재하며 독일 링글사의 전자동 적재 시스템을 구축하고 있다.

⑦ 자동화된 가마에서 제품의 강도 및 색상을 결정하는 공정으로 메인 컴퓨터가 자동으로 속도, 온도를 제어한다.

⑧ 고품질의 제품을 원하는 시간에 손상 없이 공급하도록 수행하는 포장 공정

⑨ 포장된 제품이 적재되는 야적 공정

감 언급한 대로 색감과 질감뿐 아니라 이형벽돌Bfs06에 대한 수요도 많은데, 어떻게 대응하고 있는가?

한 수요가 많은 것은 인지하고 있다. 설계 범위가 무한해지면서 독창적인 치수나 질감 등에 대한 요청이 많다는 것 또한 알고 있다. 너무 전위적이거나 생산 가능한 치수 범위를 벗어나지 않는 선에서 요청이 들어오면 가급적 그 수요를 충족시켜주고자 노력한다. 특히 색상과 치수의 경우는 앞으로 수요가 창출될 가능성이 보이는 시장이라면 당장의 손익과 상관없이 제작하고 생산할 의지가 있다.

감 벽돌의 중요한 특징을 색상, 형태, 질감 세 가지로 축약한다면, 회사 입장에서 중점을 두는 부분은 어떤 부분인가?

한 색상과 형태에 주목한다. 생산 공정에서는 판매도 무시할 수 없는 요소이기에 시장성이 있는 형태와 색상에 비중을 두고 있다. 그러나 치수의 정밀성도 다른 업체에 비해 절대 우위에 있다고 자신한다. 직접 접해보면 차이를 알 수 있을 것이다.

감 다양한 조적 방식에 대한 고민도 건축가들 사이에서는 이슈다. 생산하는 입장에서 철물, 철골 등에 대한 연구도 필요할 텐데.

한 일반적인 경우라면 아웃소싱으로 관련 제품을 생산하기도 했다. 그러나 우리는 기본적으로 다른 회사에 비해 금액이 높은 편이다. 도금과 용용 등을 직접 개발하여 다른 회사와 차별화하였고, 지역별로 다른 조건들을 적용할 수 있도록 필요한 구조계산들을 이미 선행했다. 디자인도 직접 한다. 특허와 의장등록 등 필요한 절차도 모두 거쳤다. 수요자가 가장 저렴하고 좋은 품질의 벽돌을 사용하게 하기 위한 목적이라면 얼마든지 제공할 수 있다.

감 조적은 지진에 취약할 수밖에 없다. 지진 등과 같은 재해를 대비할 해결 방안이 있을까?

한 벽돌이 지진에 취약하다고는 하지만, 건축 기술의 발전으로 진도 7 정도까지는 충분히 해결할 수 있다고 생각한다. 미국에는 30층 넘는 고층 아파트도 벽돌로 만들어진 경우가 많다. 우리나라에서도 서서히 그런 건축물을 늘려가는 것이 좋다. 현재 동탄에 1~5층까지는 조적, 그 위층은 RC 구조로 만드는 아파트를 건설 중이다. 실제 이 현장에 본사의 벽돌 220만 장 정도가 사용되었다.

감 플라이 애시(fly ash)를 전혀 사용하지 않는다고 알고 있다.

한 플라이 애시는 절대 사용해서는 안 되는 재료다. 폐기물 찌꺼기가 친환경적이라니 말도 안 되는 소리다. 환경부에서는 건축 폐기물, 화학 폐기물을 재활용했다고 친환경인증을 부여하는데 국토교통부에서는 이 부산물들을 사용해서는 안 되는 유해물질로 지정하고 있다. 이러한 이상한 제도로 인해 결과와 상관없이 포장만 그럴듯하게 해서 우수 제품과 아무 상관없는 업체들이 인증을 받고 있다. 이는 소비자를 기만하는 것이다. 소비자가 만족하고 인정하는 명확한 인증제도가 필요하다.

감 벽돌의 미래에 대해 전망한다면?

한 벽돌에 대한 관심은 지금 가장 고점에 있다고 생각한다. 새로운 벽돌에 대한 수요가 많고 실제로 다양한 벽돌들이 제작되고 있지만 그럴수록 벽돌 근본에 대한 갈망과 자연에 대한 의문을 가지게 될 것이다. 더 아름답게, 더 편한 것을 추구하지만 이를 위해 희생되는 환경, 자연 이런 것들에 대한 의문이다. 우리나라에서 벽돌이 유행이라지만, 유럽이나 미국에 비하면 아직 멀었다. 그들은 재료로써 벽돌을 굉장히 중요시하고 많은 연구들을 선행하고 있다. 특히 유럽은 제대로 된 벽돌을 제대로 사용함으로써 건물이 주는 자연적인 매력을 배가하고 친환경에도 일조한다. 유럽에서 가장 많이 사용되는 할로 브릭(hollow brick)이라는 벽돌은 속을 비워 구워낸 벽돌로 방음, 단열, 보온 등의 효과가 탁월하면서도 경량이라 유럽 전역에서 효과적으로 사용되고 있다. 그러나 국내 실정에는 맞지 않아 거의 사용되지 않는다. 현시대를 복귀하면서 잘못된 것들을 제대로 된 방향으로 나아갈 수 있도록 하는 것이 우선이고 이것이 우리의 방향성이다.

이화산업은 1955년 설립돼 60년 넘게 붉은 벽돌을 주로
생산해왔다. 국내 최초로 화장벽돌을 생산해 주택, 학교,
종교 건물, 대형 건축물의 벽돌을 만들어 왔다. 아직 쌓인
눈이 녹지 않은 벽돌 공장의 전경과 내부 생산 공정의 모습.

Reportage 2

순수하고 빈티지한 붉은벽돌을 만나다
이화산업 관리차장 류도열

편집팀

한국 벽돌사의 산증인인 이화산업 여주공장에서 유통을 맡아 관리하는 류도열 차장을 만났다. 이화산업은 1955년 설립돼 60년 넘게 붉은 벽돌을 주로 생산해온 업체로 국내 최초로 화장벽돌을 생산해 주택, 학교, 종교 건축, 대형 건축물에 사용될 벽돌을 만들었다. 1965년 호프만식 윤형로로 제1 공장을 설립했고, 1970년 국내 최초로 텐넬식가마 2기를 설치한 하남공장을 준공했으며 1984년 현재의 여주공장을 준공했다. 현재 연간 5,500만 장을 생산할 수 있는 규모로 2007년 충남 예산의 대도벽돌을 인수했다. 그리고 서울시 중구 을지로에 전시장과 직판매소가 있다.

감씨(감) 이화산업 하면 붉은 점토벽돌이 떠오른다. 주로 취급하는 종류는 무엇인가?

류도열(류) 붉은벽돌Bfs01과 파벽돌Bfs03이다. 이 두 가지 벽돌은 건축주나 건축가들이 가장 선호하는 것이다. 유통량이 많아 재고가 적다. 붉은벽돌은 다양한 색을 연출할 수 있고, 우리가 오랜 기간 동안 연구해 개발한 제품으로 품질에 자신이 있다. 점토의 비율에 따라 우리에게 익숙한 붉은색을 비롯해 베이지, 옐로우, 골드, 초콜릿 등 색깔이 다양하다. 이 밖에도 붉은벽돌 표면에 유약을 바른 유약벽돌Bfs09이 있다. 유약이 녹으면서 자기질화가 되어 도자기 같은 표면을 가진다. 전벽돌Bfs04은 직접 생산하지 않고, 우리 벽돌을 대건세라믹에서 가공해 유통한다.

감 유통은 주로 어떻게 하나?

류 두 가지 벽돌 모두 개당 270원이다. 온라인으로도 유통하고 있으며 온라인, 오프라인의 가격 차이는 없다. 벽돌의 가격책정 기준은 시장 가격(유통 가격)과 제품의 품질이다.

감 이화산업의 벽돌과 다른 벽돌의 차이점은 무엇인가?

류 우린 산업폐기물인 플라이 애시를 사용하지 않는다. 이화산업 공장이 위치한 이곳 여주는 상수도 보호구역이라 오염 물질인 플라이 애시의 반입이 법적으로 불가능하다. 그리고 벽돌에 플라이 애시를 첨가하면 벽돌의 강도가 낮아져 품질도 떨어진다.

감 플라이 애시를 사용한 벽돌과 사용하지 않은 벽돌의 구분 방법이 있는가?

류 벽돌의 구멍 주위로 까만 재가 묻어 있으면 플라이 애시를 첨가한 벽돌이다. 그리고 앞서 말한 것처럼 플라이 애시를 사용한 벽돌은 강도가 낮아져 만졌을 때 푸석푸석하다. 간혹 그러한 벽돌에 이화벽돌 마크가 찍혀 있는 상품이 유통되는 것을 발견하는 경우가 있는데, 이는 다른 업체가 불법으로 이화의 이름을 도용해 플라이 애시를 사용한 벽돌을 유통하는 것이다. 우리 회사가 60년 이상의 전통 있는 업체이다 보니 이런 경우가 있다. 그러므로 구멍 주위를 살펴보고 만졌을 때 단단한지, 벽돌을 각각 양손에 하나씩 들고 손뼉을 치듯이 부딪혔을 때 맑은 소리가 나는지 직접 확인해보길 추천한다.

Brick and Issue

Maintenance of Brick

벽돌의 유지보수

심영규 에디터

벽돌은 시간이 지날수록 세월의 결이 아름답게 묻어나며 더욱 자연스러워진다. 그러나 깨지기 쉽고 잘못된 설계와 시공, 관리로 인해 백화현상이 일어날 수 있기 때문에 적절한 설계와 보수, 시공이 필수다. 하자를 줄일 수 있는 설계와 시공방법에 대해 알아본다. 또한 균열과 파손 등 외부 요인에 의해 발생하는 균열이나 모르타르의 손상 등에 대처하는 솔루션도 제시한다.

백화현상의 원인과 예방

백화는 왜 일어날까? 벽돌을 접착하는 시멘트에는 물에 녹을 수 있는 가용성 알칼리 산화물(수산화칼슘, 황산칼슘, 황산소다, 황산칼륨 등)이 있다. 이 물질이 시공 전후로 물에 녹아서 외부로 드러나거나, 벽돌 내부로 침투했다가 외부가 마르면서 표면으로 이동해 하얗게 남는 것이다.

모르타르 배합 때 생기는 1차 백화는 빗물이나 물청소로 쉽게 사라진다. 반면 공사 전후 외부에서 스며든 물기 때문에 생긴 2차 백화는 쉽게 사라지지 않는다. 표면에 드러난 백화 성분은 공기 중의 이산화탄소와 결합해 더 단단한 탄산염을 만들기 때문이다. 설계 단계에서부터 재료의 선택, 그리고 시공 단계마다 유의한다면 백화현상을 예방할 수 있다.

건물의 관리가 잘 이뤄지지 않았거나 시공상의 부주의로 백화현상이 일어날 수 있다.

백화방지

통풍구와 개구부의 위치 설계 단계에서 상하 통풍구와 개구부 위치를 적절하게 배치해야 한다. 조적과 기준 벽면 사이에 개구부를 두어야 단열이 잘 되고 통풍과 건조가 용이하다. 인방의 내지는 방수를 하고 내부에는 경사를 둬서 물이 흐를 수 있도록 해야 한다. 그러나 경사진 면에는 조적을 피하는 것이 좋다. 빗물이 정체되면서 흡수될 수 있고, 먼지 등으로 오염되기 쉽기 때문이다. 조적벽 위에는 어느 정도 비를 피할 수 있는 처마를 설치하거나 최상부 패러핏의 두겁 부위를 동판으로 덮어 수분이 스며들지 않도록 한다.

자재관리 유의점 먼저 모르타르를 혼합할 때 깨끗한 물을 사용해야 하며 알칼리 성분이 많은 경수가 아니라 연수를 사용해야 한다. 모르타르의 주재료인 모래의 경우 바다 모래는 부적합하며 강 상류의 모래를 사용한다. 동시줄눈 겸용 모르타르 같은 제품을 사용하면 좋다. 벽돌 조적과 줄눈 치장을 동시에 할 수 있는 제품으로 흡수율이 낮아 백화 현상을 방지할 수 있다. 끝으로 모르타르는 충분히 비벼서 공기를 제거한다.

벽돌관리 유의점 벽돌은 흡수율이 중요하다. 한국산업규격인 KS는 10% 이하지만 8% 이하를 사용하면 좋다. 벽돌을 야적할 때 시멘트와 마찬가지로 건조가 잘되도록 하고 빗물로부터 보호해야 한다. 벽돌이 젖었다면 잘 말려서 사용한다.

시공 유의점 조적 시기는 겨울과 장마철을 피해야 한다. 마감할 때 줄눈 부위를 완전 밀실하여 시공해야 한다. 설계대로 배수구를 사용해 내벽과 벽돌벽 사이의 수분을 제거하는 것이 좋고 치장 줄눈은 발수 효과가 있는 줄눈용 시멘트를 사용해야 한다. 모르타르가 양생(2일 이상 필요)되기 전에 비를 맞으면 백화가 발생하므로 비를 맞지 않도록 하고, 내부 공간으로 비가

1 단계
중앙에 몇 개의 구멍을 뚫고 테두리의 모르타르를 깎아낸 뒤 손상된 벽돌을 조각내어 제거한다.

2 단계
줄눈 흙손을 이용해 빈 부분의 바닥면에 약 2~3cm의 두께로 모르타르를 바른다.

3 단계
대체할 벽돌의 상단과 모서리에 모르타르를 바르고 빈 곳에 넣은 뒤 잠시 동안 고정시킨다.

4 단계
모르타르가 굳어지면, 뻣뻣한 브러시로 그 부분을 쓸어 벽돌의 잔여물을 닦아낸다.

침투되지 않도록 비닐로 상부를 막는다. 창호나 문 같은 타 재료와의 접촉 부분은 완벽한 코킹 처리를 한다. 공사 이후 물청소는 맑고 건조가 잘되는 날을 택해야 한다. 발수제나 백화 제거제를 사용하는 것은 백화현상을 막을 수는 있지만 완벽한 것은 아니기에 무엇보다 발생 원인을 차단하는 것이 중요하다.

벽돌 수리

벽돌 조적은 시간이 지나면서 이음부의 모르타르가 손상되거나 벽돌 자체가 깨져 틈이 생길 수 있다. 틈 사이로 습기와 수분이 침투할 경우 벽체가 손상을 입을 수 있어 정기적인 점검과 수리가 필요하다. 벽돌을 수리할 때는 벽체가 무너질 수 있으므로 한 번에 몇 장씩만 교체해야한다. 모르타르를 제거해낸 뒤 손상된 벽돌을 교체하는 방법을 소개한다. 이때 주의할 점은 모든 경우를 대비하여 눈 보호대를 착용한다.

모르타르 제거 먼저 그라인더로 손상된 모르타르를 벽돌의 절반 깊이까지 깎아낸다. 그라인더 가드의 뒤쪽을 벽돌면에 댄 뒤 그라인더 날을 이음부 안으로 넣으면 된다. 깎아낸 다음에는 거친 붓 등으로 모르타르를 제거한다. 에어호스로 좁은 구석의 먼지를 청소한 뒤 물을 뿌린다. 패인 부분에 평흙손을 대고 잘라낸 이음부에 모르타르를 채워 넣는다. 폭이 좁은 흙손을 사용하거나 나무 조각을 이용해 벽돌에 묻지 않게 유의한다. 이음부의 모르타르가 흙손으로 흘러내릴 때까지 꽉 눌러준다. 모르타르가 엄지손가락으로 누를 정도로 단단해질 때까지 굳힌 뒤 기존 줄눈과 일치하는 모양의 끌로 면을 평평하게 만든다. 수평 작업을 한 뒤 수직 작업을 한다.

벽돌 교체 부서지거나 깨진 벽돌을 제거하기 위해 드릴로 벽돌 중앙에 몇 개의 구멍을 뚫는다. 다음으로 끌과 쇠 망치를 이용하여 오래된 모르타르를 깎아내고 손상된 벽돌을 조각내 제거한다. 잔해를 버리고 먼지를 제거한 뒤 구멍난 면 안쪽에 물을 적신다. 이제 새로운 벽돌로 교체한다. 먼저 생고무 원료인 라텍스와 모르타르를 섞는다. 필요한 경우 안료를 사용해서 기존의 모르타르 색으로 염색할 수 있다. 줄눈 흙손을 사용해 빈 부분 내부에 약 2~3㎝ 정도 두께로 모르타르를 바른다. 대체할 벽돌의 상단과 모서리에도 모르타르를 바르고 줄눈 흙손 위에 올린다. 벽돌을 빈 곳에 넣은 뒤 움푹 패인 곳에 흙손을 두고 형태가 흐트러지지 않을 때까지 고정한다. 이음부를 만들기 위해 필요한 정도의 벽돌을 일정한 높이로 들어 올린다. 이때 직선자를 이용해 벽돌과 벽의 수평을 유지한다.

모르타르가 약간 굳어지면, 흙손으로 잔여물을 문지른 뒤 뻣뻣한 브러시로 쓸어 잔여물을 닦아낸다. 마찬가지로 모르타르가 엄지손가락으로 눌리지 않을 정도로 단단해질 때까지 굳힌 뒤 기존 줄눈과 일치하는 모양의 끌로 면을 평평하게 만든다. 모르타르가 바스라질 정도로 마르면 한 번 더 쓸어낸다.

손상된 블록 교체 벽돌은 아니지만 손상된 콘크리트 블록을 수리해야 할 때가 있다. 벽돌과 수리 과정이 크게 다르지 않다. 먼저 드릴을 이용해 블록의 중심에 구멍을 뚫는다. 끌과 작은 쇠 망치로 주위의 모르타르도 깎아낸다. 이때 주의할 점은 주변의 블록을 손상시키지 않도록 조심하면서 구멍에 정을 넣고 코어의 앞면을 부수는 것이다. 정을 사용해 블록면의 3~4㎝가량 깎아낸다. 깎아낸 면은 이후 교체할 블록의 부착면이 된다. 정을 사용하여 측면에 붙은 모르타르도 제거한다. 이번엔 원형톱이 달린 벽돌 그라인더를 사용해 웹의 옆면을 교체할 블록의 두께만큼 자르고 상단, 하단, 중심을 체크한다. 그리고 교체할 블록의 테두리, 뒷면의 중심과 모서리에 2~3㎝ 두께로 모르타르를 바른다. 모종삽을 이용해 교체할 벽돌면을 제 위치에 나열한다. 모르타르에 나무쐐기를 넣고 블록면이 기울어지거나 치우치지 않게 맞춘다. 모르타르가 굳기를 기다린 뒤 쐐기를 제거하고 쐐기가 빠진 빈 자리를 모르타르로 메운 후 주변 이음부에 연결시킨다.

3 Works of Brick

Interview 1

벽돌에 대한 고정관념을 깨다

인터뷰
심영규 에디터

조호건축사사무소의 이정훈은 벽돌의 물성과 조적 방법에 관심을 두고 다양한 틀어쌓기와 자르기를 통해 개성이 강한 건물을 디자인한다. 커브하우스는 쌓기 방법을, 타임스태킹은 반복을, 스케일링 하우스는 다양한 크기로 자르는 것에 관심을 두고 실험했다. 그에게 벽돌의 매력과 미래에 대해 물었다.

이정훈
(조호건축사사무소 대표)
성균관대학교 건축학과와 철학과를 졸업하였고, 프랑스에서 건축 재료 및 이론을 공부하였다. 파리건축학교를 최우수로 졸업하였고 이후 반 시게루, 자하 하디드 사무소 등에서 실무 경험을 쌓았다. 감각적인 재료 사용과 파격적인 건축 디자인으로 주목받는 건축가로, 2013년 미국의 저명한 건축잡지 「Architectural Record」에서 차세대 건축을 선도할 10대 건축가로 선정되기도 했다.

크로싱브릭스(2015)는 다양한 쌓기 방법을 실험한 작업이다.

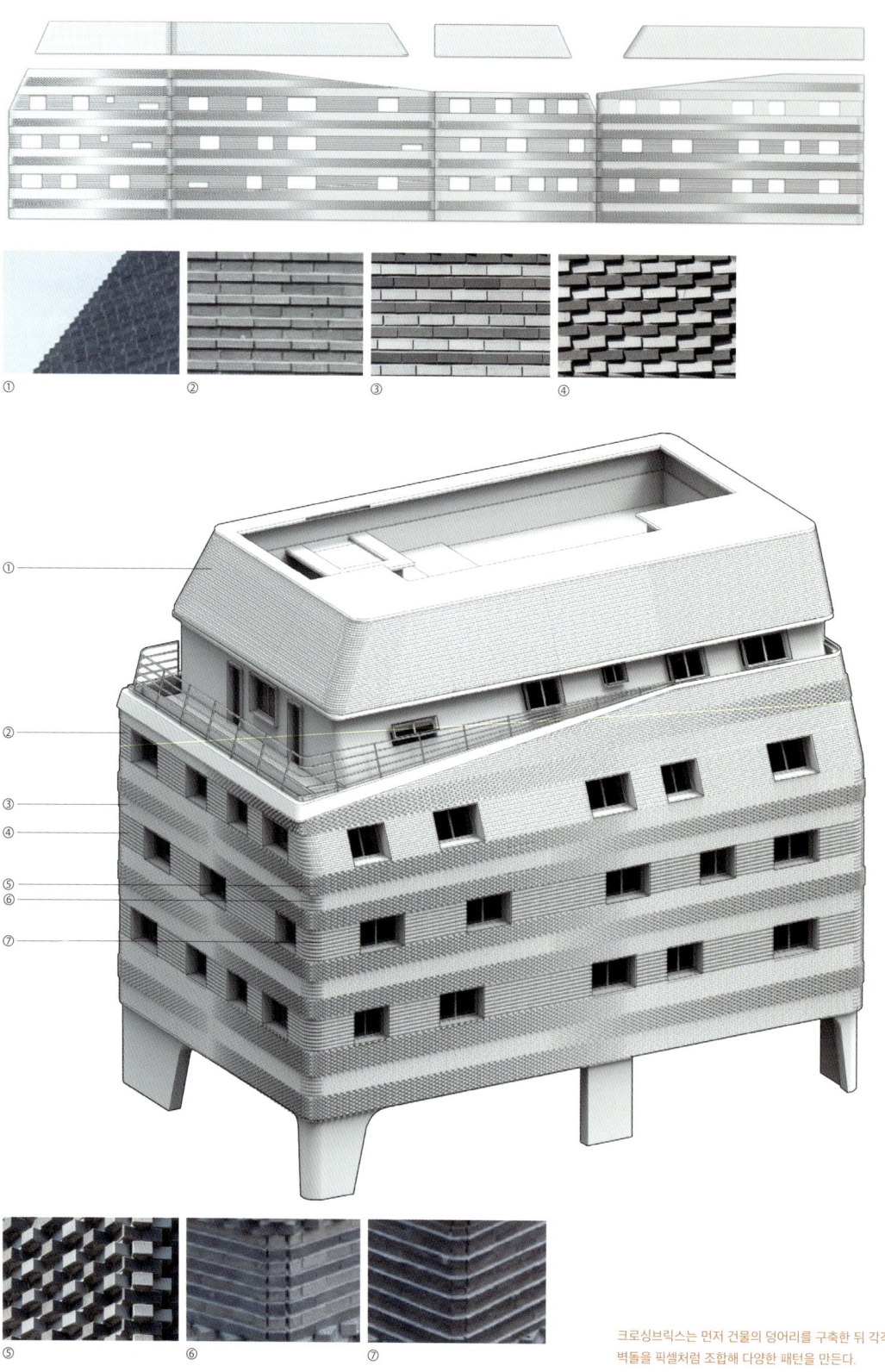

크로싱브릭스는 먼저 건물의 덩어리를 구축한 뒤 각각의 벽돌을 픽셀처럼 조합해 다양한 패턴을 만든다.

감씨(감) 완공 프로젝트 중 벽돌을 활용한 작업이 많다. 벽돌을 주로 사용하는 특별한 이유가 있나? 벽돌의 매력은 무엇이라고 생각하나?

이정훈(이) 커빙하우스, 타임스태킹, 스케일링하우스, 크로싱브릭스와 최근의 상업시설까지 총 5개의 프로젝트를 벽돌로 진행했다. 벽돌의 매력은 픽셀의 조합으로 형태를 만든다는 점이다. 콘크리트처럼 무거운 질감이 아닌, 덩어리를 구축한 후 해체해 각각의 픽셀을 조합하여 다시 덩어리로 재구축하는 과정이 인상적이다. 노출콘크리트가 한 획씩 긋는 수묵화의 느낌이라면 벽돌은 개별 유닛을 조합하여 만드는 점묘화같다. 벽돌은 본질적으로 하나의 덩어리감을 구축하는 방식이 기존의 돌, 시멘트 등의 재료보다 정교해야 하지만, 그것이 완벽한 구축이 아닌 수정이 가능하다는 점 또한 매력이다.

감 조적에 대한 관심이 많은 듯하다.

이 조적은 하나의 스킨 즉, 표피이면서도 기본적으로 구조체로 건축의 본질을 내포하고 있다. 앞에서 언급했듯 일일이 하나씩 쌓아가는 과정이 매력적이다. 우리 사무소는 그래픽 작업 위주의 복합적인 패턴을 선호한다. 그러다 보니 도면이 많고 복잡한데 정교하게 그리더라도 도면대로 시공이 완벽하게 이뤄지지 못한다. 건축 재료로 벽돌을 주로 사용하는 스위스의 경우, 디자인 과정은 우리와 비슷하지만 시공은 로봇으로 진행한다. 반면 한국에서는 시공이 시공자의 역할이다. 틀어쌓고, 비켜쌓는 등 복잡한 건축가의 생각을 시공자가 확신 없이 시공할 수 없다. 그만큼 생산성이 떨어진다. 로봇은 감정 없이 입력된 데이터대로 시공한다면, 한국은 사람의 손을 일일이 거쳐야 하고, 현장에서도 건축가의 개입이 필수적이다. 이렇듯 벽돌은 수공예적 가치가 가장 잘 드러나는 재료다. 최근 벽돌제조 공정을 보면 해외 기술을 도입한 최첨단 기계장비를 사용하는데, 정작 시공은 수공예로 해야 하는 역설이 있다.

다른 방식의 조적 패턴이 교차하며 풍성한 입면을 만든 크로싱브릭스.

Works of Brick

커빙하우스(2012)는 두 종류의 쌓기 방식을 반복해 곡선 형태의 입면의 질감을 살렸다.

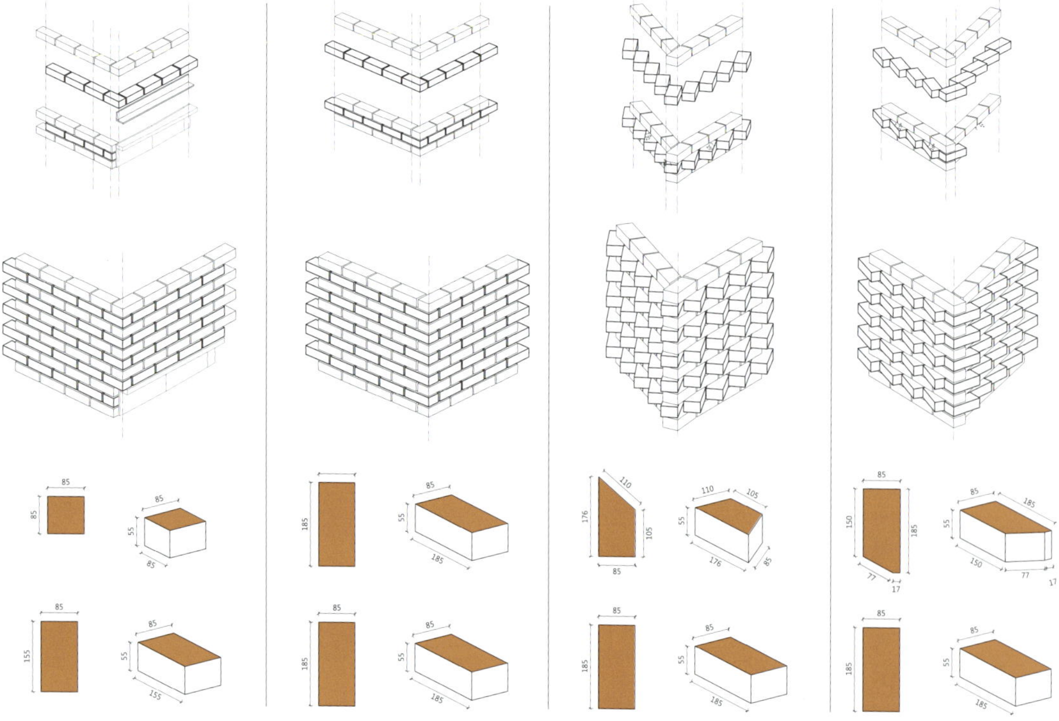

벽돌의 각을 달리해 쌓았다. 총 1만 장의 벽돌을 사용하여 벽돌 한 장이 쌓일 때마다 각도가 1°씩 틀어진다.

감 최근 여러 크기와 색 그리고 질감의 벽돌이 다양하게 개발되고 있다. 벽돌의 물성 중 주로 어떤 부분을 보고 선택하며 관심을 두고 있나?

이 상품평이나 후기 등을 통해 압축강도, 함수율, 색감 등을 고려한다. 또한 크기나 디자인을 바꿔 새롭게 구축할 수 있는 방법을 항상 구상한다. 수작업으로 독특한 형태의 주형틀을 만들어 새로운 형태의 벽돌을 제작하려고 계획 중이다. 벽돌을 각각 다른 크기로 재단해 양각과 음각으로 쌓아 독창적인 형태를 만드는 조적 방법에도 관심이 있다. 벽돌이 직사각형이라는 생각 역시 고정관념이다. 사각형의 창을 통해 들어오는 빛을 보면 빛에 대한 정의가 관념적으로 구축되는데 빛과 벽돌 사이의 관계성을 생각할 수 있다. 다른 형태에서 드러나는 빛의 모습은 어떤지 궁금함이 생긴다. 이처럼 벽돌은 적층을 통해 새로운 형상을 만들 수 있는 유일한 재료다.

감 한국은 벽돌의 종류가 제한적이고 업체들도 영세하다.

이 스위스 건축가 피터 줌토르가 설계한 독일의 콜롬바 미술관의 경우, 건축가의 역량과 기존의 유적이 함께 어우러져 새로운 가치를 만들어내며 엄청난 파급 효과를 불러일으켰다. 우리나라는 개인이 지닌 기술력은 충분하지만 기성품을 가져다 쓰는 수준이다. 업체에서는 새로 제작하기 위한 수량이 최소 6만 장 정도가 되어야 하는데 이는 일반 주택 공사 수준에서는 불가능한 양이다. 시공 과정에서도 크기를 변경하거나 질감, 색상 등 그간의 작업에서 수많은 시행착오를 거쳤다. 수분을 머금고 내뿜는 특성을 가진 벽돌은 방수 재료가 아니기에 건물 내외 방수에 대한 기술이 별도로 필요하고, 패시브(passive, 단열과 기밀 성능을 높여 수동적으로 에너지를 절약할 수 있는 개념) 주택이라면 방수는 물론 단열까지 고려해야 하기 때문에 더욱 문제가 된다. 벽돌은 충분히 매력 있는 재료이면서 동시에 많은 과제를 안고 있다.

쌓기 방법을 실험한 커빙하우스(2012)

Works of Brick

스케일링하우스(2013)는 현무암벽돌과 일반 벽돌을 각도를 달리해 쌓은 실험적인 주택이다.

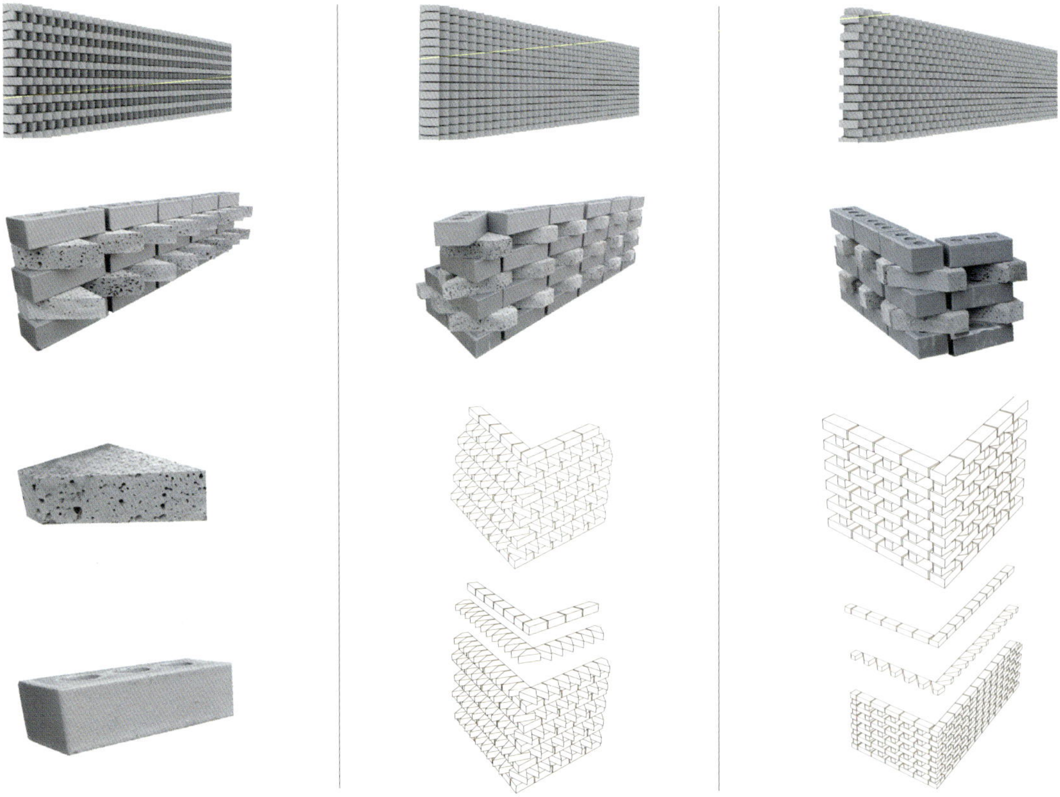

재료와 형태가 다른 두 가지 벽돌을 다양하게 조합했다.

갑 조적 방식에 대한 본질적인 고민은 무엇인가?
이 그동안 진행했던 작업들을 통해 벽돌 조적을 위한 철물 개발도 가능하다. 그러나 문제는 단가다. 해결을 위해서 구축적인 속성에 대한 연구를 함께 진행해야 한다고 생각한다. 구조 성능, 브래킷 등 모든 부분에 대한 시험 성능이 필요하다. 이런 시스템에 대한 해결책을 제시한다면 충분히 특허감이다. 벽돌의 가능성은 무궁무진하다. 하지만 벽돌과 구조계량, 철물, 철골 재료로 인해 공사비가 상승하는 것에 대한 타당성이 필요하다는 점에서 현실적인 한계에 부딪힌다. 조적을 살리면서 고층화에 성공한 몇몇 건축가의 건물은 좋은 시도다. 그러나 그리 만만한 작업은 아니다. 쌓기에 대한 고민보다는 일종의 유행처럼 되어가는 시도들은 지양해야 한다.

갑 벽돌은 보통 지진에 취약하다고 하는데 안전과 관련하여 어떤 견해를 가지고 있는가?
이 질문 그대로 벽돌은 지진에 취약하다. 지진이 잦은 일본에서 벽돌 건물을 쉽게 찾아볼 수 없는 것이 그 증거다. 현실적인 문제를 인정하고 보강하는 방법을 찾는 것이 가장 좋다. 사실 지진에 완벽하게 대응할 수 있는 구조는 없다. 완벽한 내진 성능이라도 구조는 완벽할 수 있으나 외벽은 파손되기 마련이다. 획기적인 대안이 있을 것이라는 생각보다는, 벽돌을 쌓을 때 사용하는 철골 등을 규격화하여 구조적인 손상을 최소화하는 것이 필요하다. 벽돌의 타공 부분에 철골을 세우는 등의 시도와 함께 많은 연구와 테스트도 필요할 것이다.

갑 벽돌은 유리나 콘크리트 또는 스틸에 비해 낡은 재료라는 인식이 있다. 벽돌이 새로운 재료로 다시 주목받을 가능성이 있을까?
이 취향, 트렌드에 맞춰 벽돌제조 업체부터 변화 되어야 한다. 한국의 벽돌제조 시장은 영세 업체가 많아 투자 여력이 없다는 구조적인 한계가 있다. 특별한 건축가나 독창적인 디자이너 등과 같이 누군가가 이슈를 만들어내도 그것이 2차적인

스케일링하우스는 벽돌의 다양한 크기를 실험했다.

Works of Brick

타임스태킹하우스(2014)는 쌓기 방식을 복합적으로 사용해 원래 벽돌과 새로 쌓은 벽돌이 다른 질감을 준다.

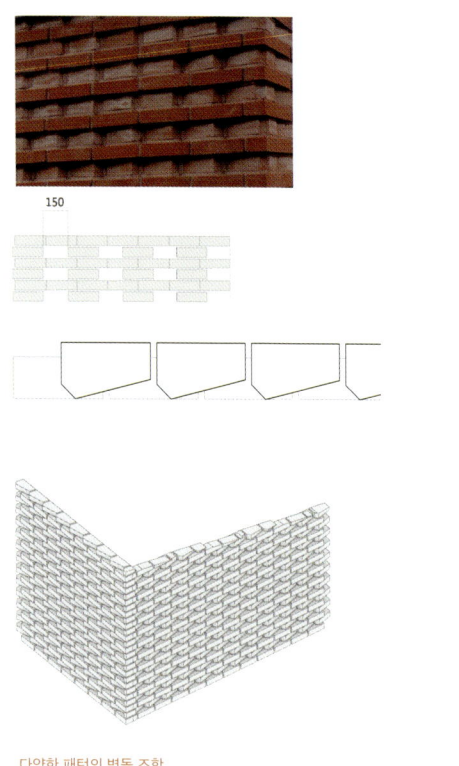
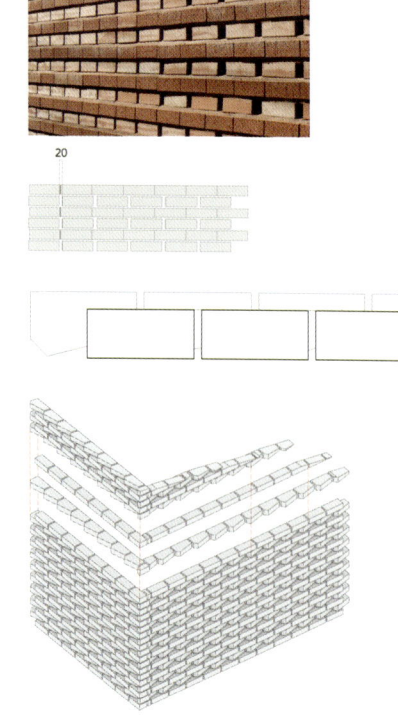

다양한 패턴의 벽돌 조합

무언가로 이어지지 않는다. 시장의 생태계가 순환돼야 하는데 그렇지 못해 아쉽다. 구태의연한 방법으로는 벽돌제조 시장에 전혀 비전이 없을 것이다. 새로운 시도가 없는 건축가들의 태도도 문제다. 볼멘소리만 해서는 결코 성장할 수 없다. 건축가들과 협업을 통해 다양한 시도를 하고 새로운 가치를 만들어야 한다.

정리 박지일 에디터

크로싱브릭스 (Crossing Bricks)

설계	이정훈
위치	서울시 강남구 역삼동
대지면적	330.6㎡
연면적	859.86㎡
규모	지하 1층, 지상 5층
구조	철근콘크리트
마감	흑색벽돌
완공	2015년 9월
사진	남궁선

커빙하우스 (Curving House)

설계	이정훈
위치	경기도 용인시 수지구 신봉동
대지면적	529㎡
연면적	186.33㎡
규모	지상 3층
구조	철근콘크리트
마감	노출콘크리트, 벽돌
완공	2012년 11월
사진	남궁선

스케일링하우스 (Scaling House)

설계	이정훈
위치	경기도 성남시 분당구 운중동
대지면적	256.3㎡
연면적	213.69㎡
규모	지상 5층, 지하 1층
구조	철근콘크리트
마감	현무암벽돌
완공	2013년 9월
사진	남궁선

타임스태킹하우스 (Time Stacking House)

설계	이정훈
위치	서울시 종로구 구의동
대지면적	196.3㎡
연면적	-
규모	지상 2층, 지하 1층
구조	철근콘크리트
마감	붉은벽돌
완공	2014년 2월
사진	남궁선

타임스태킹하우스는 기존의 벽돌과 새로운 벽돌의 반복을 실험했다.

Works of Brick

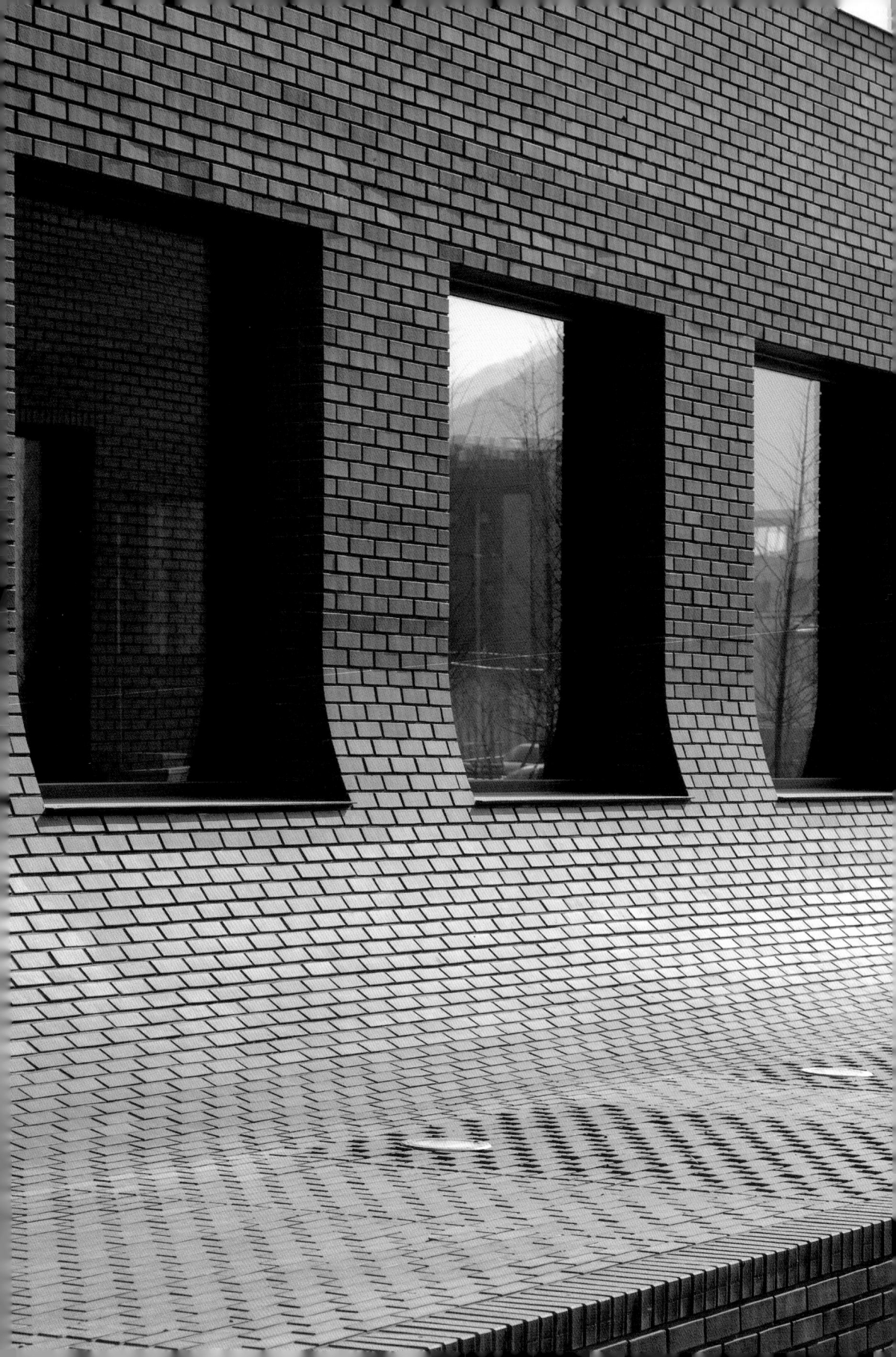

Interview 2

단순함의 축조
축조의 단순함

인터뷰
심영규 에디터

벽돌집은 친숙하다. 인류 주거사를 살펴보면 벽돌의 역사는 수공의 역사다. 흙과 불만 있으면 구워낼 수 있는 벽돌은 무겁고 거친 돌보다 다루기 쉬워 대중적인 소재로 꼽혔다. 벽돌이 요즘 다시 주목받고 있는 이유는 뭘까. 건축가들은 벽돌의 '시간성'과 '응용 가능성'에 주목했다.
와이즈건축의 장영철은 "노출콘크리트 건축물은 20여 년이 지나니 외관이 지저분해졌다. 공기 질도 좋지 않고 습한 서울 날씨 탓이다. 금속 패널도 얼룩지는 건 마찬가지다. 그런데 대학로의 옛 벽돌 건물은 여전하다. 한 재료의 생애주기를 따졌을 때 벽돌은 나이를 먹어도 주름살이 예쁘게 지는 재료라는 것을 알게 됐다"고 말한다.

장영철
(와이즈건축 공동대표)
1997년 홍익대학교를 졸업하고, U.C. Berkeley에서 수학하였다. 이로재, Steven Holl Architects, Rafael Vinoly Architects 등 국내외 유명 건축사무소에서 실무를 했고, 현재는 전숙희와 함께 와이즈 건축을 이끌고 있다. 와이즈건축은 2008년 뉴욕 사무실을, 2010년 서울 사무소를 개소해 폭넓은 건축 작업을 진행하고 있으며 다양한 분야의 집단과 연결되어 '건축 놀이 활동'을 지속하고 있다.

뮤엠 사옥(2015)은 철재 스터드에 벽돌을 말아서 쌓아올려 곡면으로 조적하였다.

전쟁과여성인권박물관(2012)은 기존 건물과 같은 재질의
전벽돌을 열연강판과 함께 건식으로 시공했다.

감씨(감) 벽돌은 오랫동안 한국 건축에 쓰여온 재료다. 벽돌의 매력은 무엇인가?
장영철(장) 한국에서 최초의 벽돌건축은 신라시대 634년 분황사 모전석탑으로 시작하여 근대에 괄목할 만한 역작으로는 수원 화성을 꼽을 수 있다. 서울 시내엔 명동성당과 약현성당이 가장 오래된 벽돌 건물 중 하나다. 한국 현대건축사에 큰 획을 그은 건축가 김수근도 벽돌을 즐겨 썼다. 대학로 마로니에 일대의 붉은 벽돌건축과 어우러지는 샘터 사옥, 원서동 공간 사옥, 장충동 경동교회 등 여전히 수작으로 꼽히는 벽돌건축물이 모두 1970~1980년대에 완공됐다. 그 붐의 시작은 건축가 박길룡의 경성제국대학 본관(1930년)이었다. 대학로에 있는 한국석유공사 건물도 아름답다. 건축가 김기석의 벽돌건축 연작도 예로 들 수 있다. 벽돌은 1980년대 후반까지만 하더라도 고급 재료였다. 그리고 1990년대 벽돌은 좁은 골목의 안쪽에 있는 작은 집들을 지을 때 쉽게 운반할 수 있는 장점이 있었다. 그러나 포스트모던 붐이 등장하고 외장 재료가 바뀌면서 콘크리트, 금속 패널, 유리가 대세가 되고, 벽돌 사용은 하향세를 겪게 된다. 1990년대 후반부터는 노출콘크리트 열풍이 불었다. 2000년대에 다시 맞은 벽돌의 전성기는 건축가 최욱의 초창기 작품 중 벽돌을 사용한 4층짜리 푸른나무 출판사 사옥(2001)에서부터. 건축 전반에 대한 깊이와 이해를 더하고 손으로 만드는 것에 관심이 많았던 그와 더불어, 벽돌을 즐겨 사용하는 건축가로는 황두진이 있다. 그는 서촌, 동숭동 등에서 공성 건축으로 전벽돌Bfs04을 많이 사용했다.

감 벽돌에 원래 관심이 있었나?
장 우리가 벽돌을 본격적으로 사용하기 시작한 작업은 2012년 리노베이션 프로젝트로 진행했던 마포구 성산동에 있는 전쟁과여성인권박물관이다. 1960년대 지어진 원래 집은 기존에 전벽돌을 사용했기에 리모델링 과정에서도 같은 재료를 사용해 열연강판과 함께 건식으로 쌓았다. 이후에 건축가 황두진의 북촌 주택을 참고해 2013년 강남에 위치한 ABC 사옥에서도 벽돌을 활용했다. 두 번째 작업의 특징은 벽돌이 갖고 있는 디테일을 감추지 않았다는 점이다. 디테일이 가져야 하는

Works of Brick

ABC 사옥(2012)은 벽돌이 갖는 크기와 질감의 디테일을 그대로 드러낸다.

덕목으로는 '어떻게 하면 물을 끊을 수 있을까, 어떻게 하면 바람을 막을까, 재료와 재료가 만났을 때 어떻게 처리할까, 그러면서 어떻게 예쁘게 만들 수 있을까'이다. ABC 사옥에서는 이러한 요소를 안으로 감추지 않고 드러내도록 작업했다. 이후 2014년 성벽돌 주택에서도 벽돌을 사용했다. 대지 앞에 서울성곽이 있었는데, 오래된 조적의 콘텍스트를 활용해 벽돌을 재료로 선택했고 박공지붕까지 벽돌로 덮었다. 파주의 운중동 ㄱㅁ주택도 노란색 고령토벽돌을 사용해 줄눈 없이 철에 끼우는 형식인 마구리쌓기로 작업했다. 가장 최근에 작업한 파주 뮤엠 사옥은 벽돌이 진성 재료라는 느낌을 주기 위해 타일을 외벽에 붙이지 않고 하지에 철재 스터드를 만들어 조적했다. 이는 벽돌을 말아서 쌓아올려 곡면으로 조적될 수 있도록 한 것이다. 벽돌의 종류로는, 전벽돌과 백토벽돌Bfs01을 섞어 사용하여 벽돌이 가진 그리드를 깨려는 시도를 했다.

감 박공지붕까지 벽돌로 쌓은 성벽돌집은 방수가 문제되지 않을까?
장 성벽돌집은 방수에 특히 신경 썼다. 우레탄보다 강하고, 스프레이로 도포하는 폴리우레아를 사용했다. 정화조에 방수처리를 하는 방식이다. 마감으로 콘크리트를 도포하고 그 위에 배수판을 깔아 벽돌을 쌓았다. 이곳엔 파벽돌Bfs03을 다듬은 컷팅벽돌을 사용해 시대감을 드러내면서도 깔끔하다.

감 벽돌의 물성 중에서 무엇에 매력을 느끼는가?
장 시간이 지나도 괜찮은, 타임리스(timeless)가 매력이다. 그리고 질감이 좋다. 개인적으로 1970년대 이후 만들어진 벽돌건물 중에서는 경동교회가 좋다. 실제로 가까이에서 보면 날카롭지만 멀리서 보면 부드럽게 보이는 양면성은 부드러우면서도 강한 느낌을 준다. 최근 벽돌건축이 인기 있는 이유는, 벽돌이 에너지 정책으로 면적의 최소화와 외단열이 가능한 재료이기 때문이다. 외단열을 하기 위한 옵션은 벽돌과 드라이비트, 금속 패널이다. 한때 유행했던 노출콘크리트는 퇴조를 보이고

Works of Brick

성벽돌집(2013)은 대지 앞 서울 성곽의 오래된 조적의 컨텍스트를 활용해 벽돌을 선택하고 박공지붕까지 벽돌로 덮었다.

있는데 정부가 외단열을 강조하는 것은 그에 해당하는 재료의 사용을 장려하는 것과 같다. 물론 내단열로 할 수밖에 없는 상황도 생기지만 내부 면적이 줄어든다는 면에서 건축주의 이해가 필요하다.

갑 국내 벽돌에 바라는 점은 무엇인가?
장 한국에는 이형벽돌Bfs06이 많아져야 한다. 이형벽돌이 매우 다양한 영국은 벽돌 천국이다. 이탈리아에서는 수공으로 생산되는데 자연스러운 색감이 주는 느낌이 좋다. 그러나 우리나라에서는 벽돌 생산이 공장에서 기계로 자동화되어 있어 모양과 색의 표준화가 매우 강하다. 영국에서는 문화재 보존 면에서 이형벽돌의 생산과 그 수요가 있으나 국내에서는 시장성이 낮다. 그리고 수공으로 벽돌을 생산하면 가격대가 매우 높아지는 단점이 있지만 단지 저렴하다는 가격 경쟁력으로만 판단하여 건축 재료를 사용하는 것은 피해야 한다고 생각한다.

갑 조적 방식에 대한 본질적인 고민이 있나?
장 벽돌은 원래 구조재였기에 쌓기 자체가 기본이다. 그러나 최근에 내진설계 문제로 조적 자체가 불가능해지면서 치장재로의 사용이 높아지고 있다. 그러나 벽돌 사용에 대한 대안은 안정적인 구조인 아치라고 본다. 로마네스크 양식의 크로스볼트는 가장 안정적인 구조이다. 아치 목업을 만들어 테스트 해보았는데 인장력이 있어 실제로 매우 안정적이었다. 그런 면에서 벽돌의 패턴은 큰 의미가 없다. 지금 상태에서는 물량을 비롯한 여러 면에서 아치 구조를 하는 것이 비효율적이지만 국내에서 장려하는 외단열에 매우 적절하고 재활용이 가능한 친환경 재료라는 점에서 벽돌은 여전히 가능성이 있다고 본다.

정리 양은혜 에디터

뮤엠 사옥(MU:M Office Building)

설계	장영철, 전숙희
위치	경기도 파주시 문발동
대지면적	990.8㎡
연면적	2,547.6㎡
규모	지상 4층, 지하 1층
구조	철근콘크리트
마감	전벽돌, 백토벽돌타일
완공	2015년 11월
사진	노경

전쟁과여성인권박물관(War & Women's Human Rights Museum)

설계	장영철, 전숙희
위치	서울시 마포구 성산동
대지면적	345.5㎡
연면적	308.24㎡
규모	지상 2층, 지하 1층
구조	연와조
마감	전벽돌
완공	2012년 5월
사진	김두호

ABC사옥 (ABC Building)

설계	장영철, 전숙희
위치	서울시 강남구 역삼동
대지면적	285㎡
연면적	779㎡
규모	지상 5층, 지하 1층
구조	철근콘크리트
마감	전벽돌, Filobe 커튼월 시스템
완공	2012년 11월
사진	진효숙

성벽돌집(Fortress Brick House)

건축가	장영철, 전숙희
위치	서울시 중구 신당동
대지면적	1,132.6㎡
연면적	650.54㎡
규모	지상 2층
구조	철근콘크리트
마감	면찰단 파벽돌
완공	2013년 11월
사진	노경

Interview 3
대비로 벽돌의 특성을 극대화하다

인터뷰
심영규 에디터

TRU 건축사사무소의 조성익은 광주다락집(2014), 능동하늘집(2015), 0914 플래그십 스토어(2016), 운중동 라일락 옥상집(2016) 등의 작업을 통해 다양한 크기의 이형벽돌Bfs06과 서로 다른 색의 벽돌을 병치해 은은하면서도 때론 강렬한 벽돌의 대비를 만들어낸다. 그는 점묘화를 그리듯이 벽돌로 하나의 덩어리감을 만들어 조형으로 표현하는 것에 관심이 있다.

조성익
(TRU 건축사사무소 대표,
홍익대학교 건축대학 교수)
서울대학교와 예일대학교 대학원에서 건축을 전공하고 서울대학교 건축학과에서 박사학위를 취득했다. 뉴욕 SOM 설계사무소에서 초고층 타워 및 오피스 건물의 디자이너로 근무하였다. 2010년 TRU 건축사사무소를 개소, 건축의 창의적 기획 및 실행에 관한 실무와 연구를 병행하고 있다. 건축설계를 통해 발견한 아이디어를 확장하여 건물이 모여 만드는 도시 경관에 관한 연구를 함께하고 있다.

광주다락집(2015)은 줄눈을 벽돌 밖으로 드러냄으로써 벽돌에 음영을 주기보다는 자체의 덩어리감을 강조하였다.

광주다락집 줄눈 시험 현장으로 줄눈을 밖으로 뽑아내 뭉개서 벽돌집이지만 하나의 덩어리감으로 보이도록 시험해보는 과정이다.

감씨(감) 주택 작업을 주로 했다. 몇 가지 벽돌 작업이 눈에 띈다.

조성익(조) 최근 작업한 운중동 라일락 옥상집은 붉은벽돌Bfs01과 콘크리트벽돌Bcc 두 개의 색으로 사용했다. 건물의 하부와 내부로 들어가는 공간은 붉은벽돌을, 건물의 외부와 상부는 콘크리트벽돌을 사용했다. 또한 능동하늘집은 벽돌로 힘을 준 작업으로 하부의 근린생활시설과 상부의 주택을 대조시켜 보여줬다. 특히 주택의 상부는 붉은벽돌을 사용했는데 세로 줄눈을 없애고 가로 패턴을 굵게 해 마치 줄무늬가 쌓여 있는 것처럼 보이게 만들었다. 전라남도 광주에 있는 다락집은 내민 줄눈을 변형했다. 보통 벽돌을 인식하는 것은 벽돌과 벽돌 사이에 들어간 줄눈의 그림자이다. 그러나 다락집에서는 역으로 줄눈을 밖으로 뽑아내 뭉개서 벽돌과 줄눈이 하나의 덩어리처럼 보이게 했다. 상업 건물로는 강남 도산로에 있는 0914 플래그십 스토어(이하 0914)가 있다. 이곳에는 조적 방식이 아닌 벽돌에 구멍을 뚫어 달아매는 기법을 사용했다. 대리석의 매끈한 질감과 벽돌의 질감을 대비해 벽돌의 따뜻함을 돋보이게 했다. 벽돌의 색깔, 위치, 줄눈을 대비해 벽돌의 질감을 극대화한 것이 포인트이다.

감 벽돌이 가진 매력은 무엇이라고 생각하나?

조 크게 기능과 미(美)다. 기능 면에선 주택에 사용되는 벽돌은 외단열재가 된다는 점에서 뛰어난 재료다. 외피와 내부 골조 사이에는 공간이 있어야 하는데, 벽돌을 조적했을 때에는 스스로 서 있는 힘이 있어 공기층이 있는 외투를 입는 것과 마찬가지이기에 단열에 유리하다. 그리고 다른 재료는 시공자의 능력에 의해 품질이 좌우되지만 벽돌은 로우테크엔지니어(low technology engineer)로 시공자의 역량에 큰 영향을 받지 않는다. 마지막으로 조형의 측면에서 작은 줄눈으로 덩어리감을 표현하는 데 관심이 많다. 도자기류로 조형의 일체화를 추구하기보다 줄눈에 대한

능동하늘집(2015)은 주택의 상부에 세로줄눈을 없애고 가로 줄눈을 굵게해 벽돌을 쌓음으로써 줄무늬가 쌓여있는 듯 보이도록 하였다.

Works of Brick

능동하늘집의 전망대는 건축주와
부모님 가구의 내부 공간을
연결한다.

실험을 통해 덩어리감을 만든다. 다락집과 같이 줄눈을 크게 만들어 줄눈과 벽돌 표면의 비율을 5대 5로 하면 재료의 주인공을 바꿀 수 있다. 이렇게 벽돌은 그 자체의 덩어리가 충분히 작기 때문에 석재처럼 개별의 조합으로 보이지 않고 오히려 하나의 거대한 면으로 보인다. 그런 면에서 벽돌은 우리에게 매력적이다.

갑 벽돌의 물성 중 주로 어떤 부분을 보고 선택하고 관심을 두나?
조 '줌 인과 줌 아웃'을 생각한다. 조적은 벽돌의 물성으로 생기는데, 점묘화처럼 줌 인과 줌 아웃으로 구별할 수 있다는 점이 좋다. 다락집은 패턴이 아닌 덩어리로 보이게 하기 위해 벽돌색과 유사한 모르타르를 사용했다. 줌 아웃을 했을 땐 회벽을 바른 흰 벽처럼 보였다가 줌 인을 하면 이형벽돌이 보이며 기존의 비례감을 깨뜨린다. 지난 여름 이탈리아에서 로만벽돌을 봤는데 모르타르와 벽돌의 비율이 6대 4이다 보니 덩어리감이 강했다. 조적된 벽돌의 표면을 평면화하고 그림자를 없애면 느낌이 달라진다. 우린 이에 대한 연구를 많이 했고, 벽돌같은 재료를 다룸에 있어 조형적 목표가 뚜렷했다.

갑 한국에서 주로 제작되는 벽돌에 아쉬움은 없나?
조 벽돌의 팔레트를 늘려 색깔을 다양하게 만들고 여러 색의 조합을 시도하고 싶다. 벽돌을 다양하게 만들고 실험할 수 있는 가능성은 열려 있지만 막상 업체를 조사하다 보면 어렵다. 새로운 벽돌을 만들려면 가마를 한 번 돌릴 만한 대량의 물량을 주문해야

벽돌로 된 0914 플래그십 스토어(2016)의 내외부

Works of Brick

0914 플래그십 스토어 전경

0914 플래그십 스토어 시공 과정으로 벽돌에 중공을 내어 달아매는 건축공법을 사용했다.

한다. 몇몇 건축가들은 이에 대한 갈증을 시멘트블록으로 해소하기도 한다. 건축가가 원하는 벽돌의 색이 우리나라의 흙으로는 한계가 있기도 하다. 또한 최근 영롱쌓기나 들여쌓기를 많이 사용하는데, 이젠 식상하다. 나는 덩어리처럼 보이도록 벽돌을 사용했기 때문에 그런 방식을 잘 사용하지 않는다. 그 외에 쌓기 실험에 관심은 많지만 요즘은 그에 대한 차별화가 되지 않아 시도하지 않는다.

갑 벽돌이 새로운 재료로 다시 주목받을 가능성이 있을까?
조 먼저 벽돌은 치장재 이후로 또 다른 제2의 전성기가 있을 것이라고 보는데, 그 외에 블록의 시대도 올 것으로 예상한다. 블록은 레고를 쌓듯 조립한다는 느낌이 강한데 벽돌보다 크기가 커지면 할 수 있는 것들이 다양해질 것이다. 예전에 토마건축의 민규암 소장이 생각 속의 집 등 블록을 이용해 다양한 실험을 진행했다. 회색 블록의 느낌은 마치 침묵하는 듯 보인다. 치장재로 사용된 벽돌은 스스로 서 있지 못하지만 철근을 넣으면 설 수 있듯이 다른 대안 또한 있을 것이라고 본다. 벽돌을 내부에 적극적으로 쓸 수 있는 방법이 있으면 좋겠다. 벽돌을 내장에 쓸 때는 재료의 장점이 단점이 된다. 내부에 벽돌을 사용할 때는 쌓기와 구조재의 기능이 아닌 치장재로써 공간에서 차지하는 면적을 줄이기 위해 얇게 잘라 사용한다. 하지만 벽돌과 얇게 컷 벽돌의 중간쯤에 다른 대안이 있는지에 대한 질문이 있다. 스스로 약 2㎡까지 설 수 있는 프리스탠딩의 능력을 지닌 벽돌은 가능성이 많을 것이라고 본다. 그 외에 벽돌의 표면으로부터 떨어지는 부스럼이나 먼지를 해결한다면 실내에서도 사용할 수 있을 텐데, 이는 유약을 어떻게 바르느냐에 따라 달라질 것이다.

정리 양은혜 에디터

광주다락집

설계	조성익
위치	전라남도 광주시 남구
대지면적	310㎡
연면적	205.51㎡
규모	지상 2층, 지하 1층
구조	철근콘크리트
마감	벽돌 위 모르타르, 징크
완공	2015년 2월
사진	TRU

능동하늘집

설계	조성익
위치	서울시 광진구 능동
대지면적	444.6㎡
연면적	1,231.49㎡
규모	지상 6층, 지하 1층
구조	철근콘크리트
마감	백색페인트, 붉은벽돌
완공	2015년 3월
사진	TRU

0914 플래그십 스토어

설계	조성익
위치	서울시 강남구 신사동
대지면적	555.6㎡
연면적	2376.7㎡
규모	지상 4층, 지하 5층
구조	철근콘크리트
마감	라임스톤, 벽돌
완공	2015년 10월
사진	TRU, 박영재

Interview 4
정확한 치수에서
아름다움을 발견하다

인터뷰
심영규 에디터

초콜릿색 벽돌의 삼봉집(2016), 붉은색 이형벽돌을 불규칙하게 쌓아올린 이-집(2015), 지붕까지 회색조 콘크리트 벽돌로 덮은 별똥집(2014), 붉은색이 강렬한 붉은 벽돌집(2014)까지 다양한 주택에 다른 색상의 벽돌을 사용한 건축에스아이의 정수진. 그를 만나 벽돌의 매력에 대해 물었다.

정수진
(건축에스아이 대표)
영남대학교, 홍익대학교 대학원, 파리-벨빌 건축대학교(DPLG/프랑스 건축사)에서 수학했다. 현재 건축 에스아이의 대표이며, 경희대학교 건축학과의 겸임교수로 재직 중이다. 하늘집, 노란돌집, 붉은 벽돌집, 각설탕, 별똥집, 횡성공방 등의 주택과 미래나야 사옥, 해인사 무릉헌, 의왕 선물 등 다양한 건축 작업이 있다. 경기도 건축상 은상을 비롯한 다수의 상을 받았다. <제주도 여미지 식물원 아트페어>, <DDP-한강 건축 상상전> 등의 전시에 참여했다.

Works of Brick 107

삼봉집(2016)은 벽돌을 한 켜 한 켜 정성스레 쌓아올렸다.
벽돌 특유의 단정함과 자체의 물성이 도드라진다.

이-집(2015)은 기본 규격보다 얇은 황토벽돌을 쌓아올려 벽돌 특유의 자잘함보다는 견고한 덩어리감을 느낄 수 있다.

감씨(감) 주택 시리즈에 사용한 벽돌을 보면 모두 색감과 크기가 미세하게 다르다. 벽돌을 주로 사용하는 특별한 이유가 있나?

정수진(정) 벽돌이 좋은 이유는 그 자연스러움 때문이다. 한 장씩 보면 크기가 작아 정교하면서도 뭉쳐내는 큰 덩어리의 힘이 가장 크다는 점이 인상적인데, 여린 흰색벽돌마저도 자체의 무게감이 있다. 돌을 쌓아서 만든 것과 벽돌을 쌓아서 만든 것, 판재를 붙여 만든 것 모두 각각의 느낌이 다르다. 또한 타일을 붙인 것, 벽돌을 쌓은 것도 느낌이 다르다. 재료 자체가 가진 무게감 때문이다.

감 벽돌은 단순해 보이지만 최근 여러 가지 크기와 색 그리고 질감의 벽돌이 다양하게 개발되고 있다.

정 개인적으로 벽돌을 싫어했다. 붉은색 벽돌 일색의 건물은 오래될수록 때가 낀 느낌이었다. 그러나 어느날 경동교회 앞을 지나면서 보니 마치 보기 좋은 주름살처럼 곱게 늙어간 느낌에 놀라웠다. 그때부터 관심을 가지면서 작업의 주된 재료로 사용하기 시작했다. 벽돌에서 가장 중요한 것은 색감이다. 통상 흰색, 붉은색, 갈색, 검은색, 황토색으로 약 다섯 종류의 색을 주로 사용한다. 각 업체마다 색상이 거의 비슷하기 때문이다.

벽돌의 디테일도 중요하다. 설계부터 철저히 계산해 규격 크기 이외로 쌓는 부분이 없도록 디자인한다. 그래서 치수가 굉장히 중요한데, 우리는 주로 다른 업체에 비해 크기가 정확한 삼한C1 벽돌을 사용한다. 우리는 벽돌 자체를 더욱 드러내기 위해 줄눈을 얇게 시공하는데 크기가 정확해야 잘 표현되기 때문이다.

감 한국에서 벽돌은 정부 주도의 주택보급 정책으로 전성기를 맞았다가 사용량이 점차 줄어들었다. 최근에야 주택을 중심으로 다시 주목받고 있다.

정 흙의 배합과 성분 조합에 따라 색상의 변화 폭이 큰데, 이와 관련하여 연구를 진행하는 회사가 없다는 것이 가장 큰 불만이다. 이것이 다양한 색상의 벽돌 제작에

Works of Brick

모서리마다 얽혀들며 건물 전체를 자연스레
연결시킨 화색벽들은 벌똥집(2014)을 더 담백하고
잔잔하게 만든다

삼봉집

설계	정수진
위치	경기도 용인시 기흥구 영덕동
대지면적	239㎡
연면적	222.48㎡
규모	지상 2층, 지하 1층
구조	철근콘크리트
마감	지정 치장벽돌
완공	2016년
사진	남궁선

이-집

설계	정수진
위치	경기도 성남시 분당구 운중동
대지면적	255.10㎡
연면적	217.04㎡
규모	지상 2층
구조	철근콘크리트
마감	지정 벽돌
완공	2015년
사진	남궁선

별똥집

설계	정수진
위치	경기도 성남시 분당구 판교동
대지면적	232.10㎡
연면적	180.27㎡
규모	지상 2층
구조	철근콘크리트
마감	목화석, 콘크리트 벽돌
완공	2014년
사진	남궁선

큰 벽이다. 구워낼 때마다 색상이 달라지는 어려움도 있다. 근본적으로 연구가 부족한 점이 아쉽다. 예전만큼 제대로 작업하는 조적공의 부재도 문제다. 벽돌의 제한된 크기는 나쁠만 아니라 많은 건축가가 공감하는 문제일 것이다. 정해진 틀을 벗어나 이형벽돌Bfs06을 시도하는 비용은 너무 비싸다. 어떤 재료든지 어떻게 시공하고 디자인에 입히는지가 중요하지 재료 자체의 좋고 나쁨은 없다고 생각한다.

갑 벽돌은 유리나 콘크리트, 철에 비해 낡은 건축 재료라는 인식이 있다. 벽돌의 가능성과 미래에 대해 어떻게 예측하나?

정 현재 외국에서 타일, 벽돌이라고 보기에 애매한 재료가 저렴한 가격에 무턱대고 수입되고 있다. 대부분 우리나라 풍토에 맞지 않는 재료다. 과거 벽돌은 싸구려 이미지였으나 요즘에는 장당 1만 원을 넘어가는 고급 벽돌도 많다. 공사비에 많은 지출을 하지만 대부분 수입하는 데 비용을 할애한다. 앞으로 벽돌 수입 비용이 대리석보다 비싸질 가능성도 있다고 본다. 백색벽돌은 대부분 호주에서 수입되는데 한국과 호주는 땅도 다르고 기후도 다르다. 시간이 지나면 분명 엉망이 될 것이다. 우리나라 풍토에 맞는 재료가 많기 때문에 가급적 수입 재료는 쓰지 말자는 주의다. 기후와 풍토, 온도 등을 고려해 자체 개발이 필요하다.

갑 벽돌의 재료는 시공상 하자가 많이 생기기도 한다. 시공상 팁이 있다면?

정 백화현상을 유의해야 한다. 최소한 구조체에서 3㎝ 정도는 이격을 두어야 한다. 발수제는 절대 금지다. 벽돌 자체는 천연 재료라 스스로 호흡해야 하는데 발수제를 사용하는 것은 얼굴에 니스를 바르는 것과 같은 행위다. 시멘트를 되직하게 하는 것도 중요하고 겨울에는 절대 시공을 하지 말아야 한다. 하자 발생 시 책임을 명확하게 하고, 금액을 철저히 준수하는 시공사들을 존중하는 것도 중요하다.

정리 박지일 에디터

Works of Brick

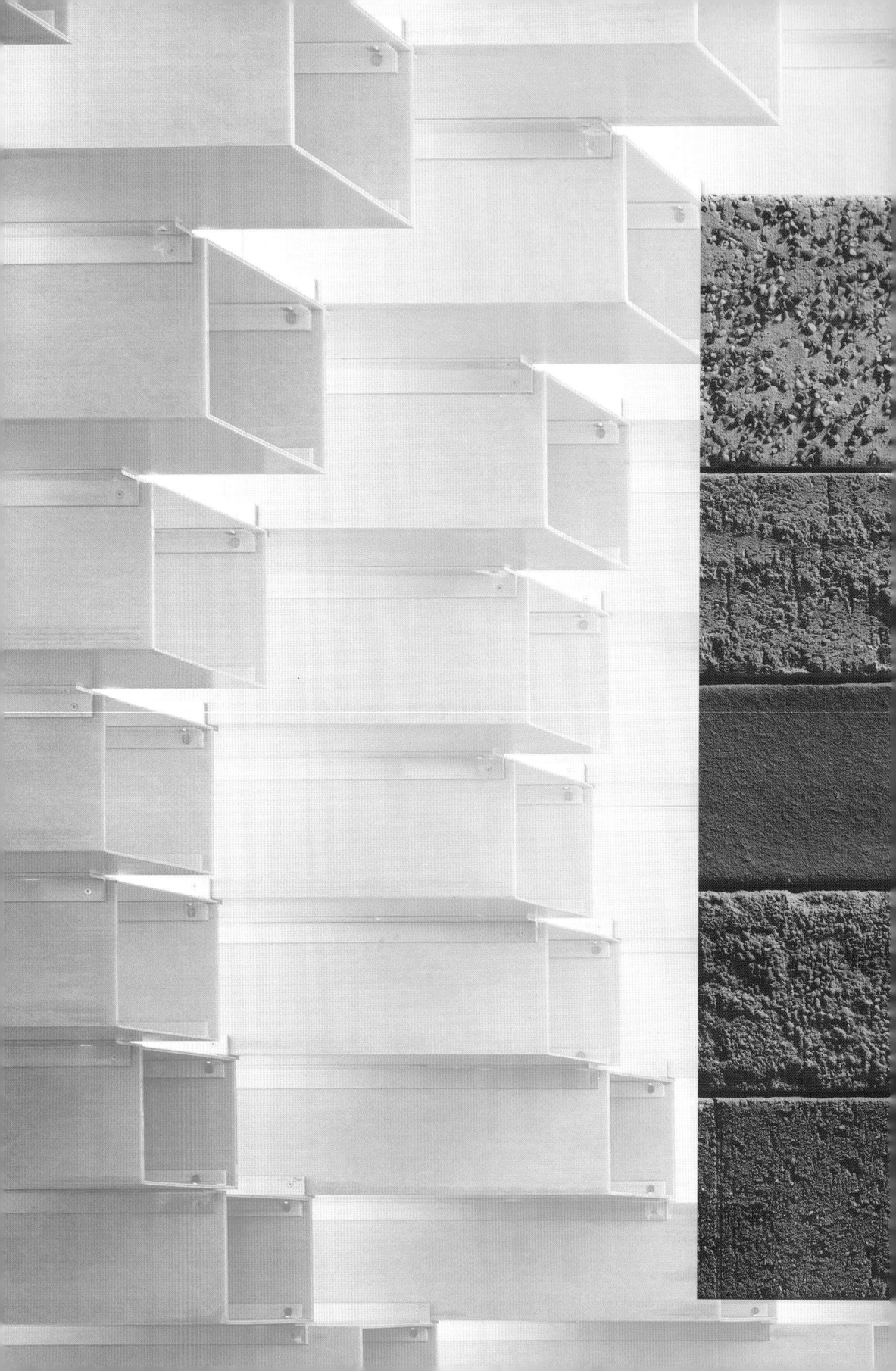

4 Supplement

벽돌 업체와 전시장 정보

최근 벽돌을 각 업체마다 고유한 상품명으로 브랜딩하고 있어 소비자가 제품을 파악하고 선택하는 데 어려움을 겪는다. 이에 생산과 가공, 유통을 하는 30여 곳의 업체를 소개한다. 공장에서 직접 제작하는 곳, 바닥벽돌만을 취급하거나 유통이 편리한 지역 업체까지. 각 업체별로 취급하는 벽돌과 성능을 한눈에 파악하여 소비자의 업체 선택에 도움이 되고자 한다.

Index

- 생산
- 가공
- 유통
- 전시장
- 온라인 판매
- 오프라인 판매
- 소매
- 공장에서 직접 구매
- 응대: 상
- 응대: 중
- 응대: 하

 각 업체별로 취급하는 벽돌과 성능이 다르고 온라인, 오프라인의 구매 방식이 다양하다. 성능과 구매 방식, 응대, 규격이라는 기준에 따라 30여 개의 업체에 순위를 매겼다. 성능이 KS규격이상이며 고객응대가 좋은 곳은 왕관 3개, 규격 준수업체는 2개, 정보를 얻을 수 없거나 응대가 좋지 못한 업체는 1개이다.

용어 설명

기술정보
건축용 점토벽돌(190×90×57㎜)은 허용오차, 압축강도, 수분흡수율에 따라 성능이 달라진다. 한국산업규격에서 규정하는 건축용 점토벽돌의 기준규격에서 오차로 허용되는 범위는 길이±5㎜, 너비±3㎜, 높이±2.5㎜이며 압축강도 245kgf/cm² 이상, 수분흡수율 10% 이하를 표준으로 한다. 업체별로 각 기준에 대한 정보를 소개해 자재 선정에 도움이 되도록 하였다.

허용오차
공사의 정밀도를 판단하는 것으로 기준규격과의 오차가 적을수록 정밀한 공사가 가능하다.

표준압축강도
힘을 가하여 파괴가 시작될 때의 힘을 시험부재의 단면적으로 나눈 값이다.

수분흡수율
벽돌의 수분흡수율이 높을 경우 조적용 모르타르의 수분이 벽돌에 흡수되어 건조 후에 백화현상이 일어날 수 있다.

벽돌 생산 업체

이화산업

주취급벽돌	일반 점토벽돌
특성	시공 업체 소개 가능, 플라이 애시 미사용, 붉은벽돌 전문 생산, 나라장터 사이트 내 구매 가능
기술정보	최소압축강도 : 35.0-43.0 MPa / 수분흡수율: 7-8% / 규격최대허용오차 (길이.너비.높이) : ±5, ±3, ±2.5)
담당자	(공장)031-882-5229 (영업소)02-2267-3191, ihhwa1955@hanmail.net, www.ihhwaind.co.kr
주소	(공장)경기도 여주시 능서면 능서로 577 (전시장)서울시 중구 을지로 119

삼한C1

주취급벽돌	일반 점토벽돌
특성	기본적인 점토벽돌의 품질개발에 초점, 플라이 애시 미사용
기술정보	최소압축강도 : 35.0 MPa / 수분흡수율: 10% / 규격최대허용오차 (길이.너비.높이) : ±1, ±1, ±1)
담당자	1599-9989, www.ebrick.co.kr
주소	(공장)경상북도 예천군 풍양면 상풍로 1368-50 (본사)대구시 동구 동부로 99 (수도권본부)서울시 서초구 효령로55길 15 벨타워오피스텔 805호

브릭코청화요업

주취급벽돌	일반 점토벽돌, 고벽돌
특성	구조재, 치장재 비율이 1대 1
기술정보	최소압축강도 : 30.0 MPa / 수분흡수율: 8% / 규격최대허용오차 (길이.너비.높이) : ±5, ±3, ±2.5) 플라이 애시 혼합
담당자	041-642-8933, www.bricko.co.kr
주소	충청남도 홍성군 장곡면 홍남동로 598

상산쎄라믹

주취급벽돌	일반 점토벽돌
특성	가공 전 붉은벽돌 자체를 직접 생산하여 좋은 품질 나라장터 사이트 내 구매 가능
기술정보	최소압축강도: 37.0-38.0MPa / 수분흡수율: 10% / 규격최대허용오차 (길이.너비.높이) : ±5, ±3, ±2.5)
담당자	1661-7586, layla75@hanmail.net, www.ssbr.kr
주소	충청북도 진천군 덕산면 귀농1길 121-46

중앙벽돌

주취급벽돌	컬러 점토벽돌
기술정보	최소압축강도 : 24.7-27.7 MPa / 수분흡수율: 9-10% / 규격최대허용오차 (길이.너비.높이) : ±5, ±3, ±2.5)
담당자	031-278-6600, joong@joongangbrick.co.kr, www.joongangbrick.co.kr
주소	(공장)전라북도 김제시 용지면 석정로 706 (전시장)경기도 화성시 봉담읍 삼천병마로 807 경기도 남양주시 화도읍 북한강로 1081

벽돌코리아
주취급벽돌	전벽돌
특성	주문생산 가능, 벽돌공장 소개 가능, 한국토형와전에서 벽돌생산, 수입(유럽) 벽돌
기술정보	최소압축강도 : 24.5 MPa / 수분흡수율: 10% / 규격최대허용오차 (길이.너비.높이 : ±5, ±3, ±2.5)
담당자	031-353-1616, www.brickkorea.com
주소	경기도 여주시 가남읍 안금2길 30-22(한국토형와전)
	경기도 화성시 향남읍 삼천병마로 284

신풍세라믹
주취급벽돌	일반 점토벽돌
특성	일부 가공 가능, 생산 및 타 공장 유통병행
기술정보	최소압축강도 : 24.5 MPa / 수분흡수율: 10% / 규격최대허용오차 (길이.너비.높이 : ±5, ±3, ±2.5)
담당자	(대리점) 031-611-4100 (공장) 054-861-6563~5, www.spceramic.co.kr
주소	(공장)경상북도 의성군 구천면 도개구천길 1134
	(전시장)경기도 평택시 서정북로 84

동국세라믹
주취급벽돌	내진점토벽돌, 현무암, 바닥벽돌, 치장재
특성	내진벽돌 개발, 시공, 나라장터 사이트 내 구매 가능
기술정보	최소압축강도 : 24.5 MPa / 수분흡수율: 10% / 규격최대허용오차 (길이.너비.높이 : ±5, ±3, ±2.5)
담당자	02-573-8119, www.ksbrick.co.kr
주소	(공장)경상북도 상주시 화서면 중화로 2096
	(본사 및 전시장)경기도 안산시 상록구 안산공고로 3

MK세라믹
주취급벽돌	일반 점토벽돌
특성	플라이 애시 미사용, 명신세라믹에서 MK세라믹으로 상호명 변경
기술정보	최소압축강도 : 24.5 MPa / 수분흡수율: 10% / 규격최대허용오차 (길이.너비.높이 : ±5, ±3, ±2.5)
담당자	031-835-0012
주소	경기도 연천군 청산면 청연로 31-30

선일로에스
주취급벽돌	일반 점토벽돌, 바닥벽돌
특성	점토벽돌과 콘크리트 블록 두 개의 사업자 보유
기술정보	최소압축강도 : 24.5 MPa / 수분흡수율: 10% / 규격최대허용오차 (길이.너비.높이 : ±5, ±3, ±2.5)
담당자	02-786-2534, sunil@sunilind.co.kr, www.sunilind.co.kr
주소	(공장)대구광역시 달성군 논공읍 비슬로361길 69
	(본사)대구광역시 동구 동부로 108 선일빌딩 5층
	(서울사업부)서울시 강서구 화곡로43길 28 유니스빌딩 2층

삼현벽돌
주취급벽돌	바닥벽돌, 치장재
특성	벽돌, 타일내장재, 벽&바닥 처리병행
담당자	02-2277-5271, wntnqhd@naver.com, www.samhyunbrick.co.kr
주소	(공장)경기도 평택시 오성면 오성북로 112
	(전시장)서울시 중구 퇴계로 173 극동빌딩 1408호

우성세라믹스공업
주취급벽돌	일반 점토벽돌
담당자	02-521-5101~6, www.wsbrick.co.kr
주소	(공장)경기도 평택시 포승읍 서문길 30-34
	(전시장)서울시 서초구 방배천로2안길 83 우성빌딩

한국토형와전
주취급벽돌	전돌, 한국 전통 담장, 기와
특성	생산, 대리점에서 타사 브랜드 유통병행, 타사 브랜드 소개 가능
담당자	031-884-2824, rooftile2@hanmail.net, www.klayart.com
주소	경기도 여주시 가남읍 안금2길 30-22

두라스택
주취급벽돌	디자인 블록
특성	Q블록 시리즈 전문
담당자	031-884-0454, durastack@gmail.com
주소	(공장)강원도 원주시 문막읍 석지2길 66
	(전시장)경기도 여주시 현암로 11-48

토우벽돌
주취급벽돌	일반 점토벽돌, 이형벽돌
특성	조적에서 모르타르 사용하지 않는 신공법 개발
담당자	(공장)1588-8150
주소	(공장1)충청남도 당진시 면천면 산업단지길 50
	(공장2)전라북도 김제시 황산면 남산로 425
	(전시장)서울시 구로구 디지털로 242 한화비즈메트로1차 1001호

하늘벽돌
주취급벽돌	일반 점토벽돌, 디자인 블록, 타일
특성	와이드벽돌, 고벽돌(수입), 청고벽돌
담당자	070-7552-7553, supdsupd@naver.com, www.skybrick.co.kr
주소	(공장)충청남도 보령시 웅천읍 석재단지길 37
	(전시장)인천광역시 서구 검단로 836

한국벽돌
주취급벽돌	일반 점토벽돌, 고벽돌
담당자	02-515-1920, koreabrick@naver.com, www.koreabrick.com
주소	(공장)경기도 용인시 처인구 모현면 파담로 19
	(전시장)서울시 강남구 학동로26길 25

한일세라믹
주취급벽돌	일반 점토벽돌
특성	자사 브랜드와 타사 브랜드 유통병행
담당자	(공장)041-742-5600 / (본사)042-631-1144
	0426311144@hanmail.net, www.hic114.com
주소	(공장)충청남도 논산시 연무읍 황화로 113
	(전시장)대전광역시 서구 문예로 137, KT&G 빌딩 501호

대평세리믹스산업
주취급벽돌	일반 점토벽돌
담당자	063-453-6383 / (영업부)02-503-4664, dpbc.koreasme.com
주소	(공장)전라북도 군산시 성산면 수림로 375-1
	(전시장)경기도 과천시 과천대로 182

민주벽돌
주취급벽돌	붉은벽돌, 고벽돌(수입), 모노클래식
특성	공장에서는 타일생산, 대리점으로 운영
담당자	(대표전화)1670-2245, (본사)063-834-0077
	mjbr0077@naver.com, www.minjoobrick.com
주소	전라북도 익산시 왕궁면 평장길 37

(유)성광쎄라믹
주취급벽돌	일반 점토벽돌
담당자	063-858-2200, www.s-k-c.co.kr
주소	전라북도 익산시 삼기면 삼기북길 185-33

세화벽돌
주취급벽돌	일반 점토벽돌, 콘크리트 벽돌
특성	특이한 벽돌 종류 다양
담당자	063-832-7112, 02-543-0092(벽돌주문용번호)
	sehwabrick@naver.com, www.sehwabrick.com
주소	(공장)전라북도 익산시 왕궁면 무왕로 2032-28
	(전시장)서울시 강남구 도산대로1길 63

(유)우리벽돌
주취급벽돌	일반점토, 타일, 고벽돌, 수공예벽돌, 바닥벽돌, 수입벽돌, 기와
특성	수입(스페인) 벽돌, 고벽돌(중국) 수입
담당자	02-477-7044, woori7002@hanmail.net, www.wooribrick.com
주소	(본사)전라북도 익산시 오산면 오산로 169-9
	(전시장)서울시 강남구 밤고개로31길 9

제일벽돌
주취급벽돌	일반 점토벽돌, 타일, 고벽돌, 화산석, 바닥벽돌
특성	자사 브랜드와 타사 브랜드 유통병행
담당자	02-540-1967, jeilbrick@hanmail.net, www.jeilbrick.com
주소	(공장)전라북도 익산시 황등면 석재길 39
	(전시장)서울시 서초구 나루터로12길 30 B1

현대요업
주취급벽돌	유약(컬러)벽돌
특성	나라장터 사이트 내 구매 가능
담당자	063-836-8335, dmstn2346@hanmail.net
주소	전라북도 익산시 여산면 가람로 530

현대씨엠
주취급벽돌	일반 점토벽돌, 바닥벽돌
담당자	(공장)063-832-8833, (전시장)02-576-7768
	hyndaecm@naver.com, blog.yeogie.com/hyundaecm
주소	(공장)전라북도 익산시 왕궁면 평장길 32
	(전시장)서울시 서초구 언남길 86

벽돌 가공·유통 업체

다다벽돌
주취급벽돌	일반 점토벽돌, 고벽돌, 파벽돌, 타일
특성	다양한 타일 수입
담당자	02-542-7779, 063-545-1516
	dadabrick@naver.com, www.dadabrick.com
주소	서울시 강남구 논현로128길 5

대건세라믹
주취급벽돌	전벽돌, 이형벽돌
특성	이화산업에서 생산한 붉은벽돌을 가공하여 전벽돌을 가공 및 유통
	전통 방식으로 흙가마에 붉은벽돌을 구워 전돌로 가공
담당자	(본사)02-585-8487 (전시장)031-571-0541
	brickdg@naver.com, www.newbrick.co.kr
주소	(본사)서울시 서초구 반포대로5길 14 2층
	(전시장)경기도 구리시 금강로 23

시온벽돌
주취급벽돌	일반 점토벽돌, 고벽돌, 전벽돌
특성	자체 시공팀 보유, 일부 수입 벽돌
담당자	070-7561-4780, yjh47801@gmail.com, www.zionbrick.co.kr
주소	경기도 성남시 수정구 성남대로1480번길 22, 101

홍익세라믹
주취급벽돌	일반 점토벽돌, 고벽돌, 전벽돌
특성	다양한 용도의 벽돌 및 타일 판매
담당자	031-756-3020, sscchoi@naver.com, www.kobrick.co.kr
주소	경기도 성남시 수정구 복정로 155

한국연와
주취급벽돌	치장재, 블록
특성	전국 벽돌공장 연결 및 유통
담당자	033-264-6600
주소	강원도 춘천시 동내면 사암길21

청주연와상사
주취급벽돌	일반 점토벽돌, 고벽돌, 기와
담당자	043-233-4700, wani4141@hanmail.net, www.cjbrick.com
주소	충청북도 청주시 흥덕구 가로수로1379번길 62

벽돌건물이 지어진 연도를 맞춰보자

우리 주변에 벽돌집을 흔히 볼 수 있다.
벽돌의 색깔과 표면의 문양은 시대별로
다른데, 그 시대에 많이 사용된 기술이나
유행 때문이다. 시대에 따른 벽돌의
특성을 알고 동네 산책을 하다보면
동네의 나이를 체감할 수 있다.

효동로 49-14
서울특별시 마포구 합정동 359-13
준공일 1991년 1월 23일

주택도시 12
서울특별시 서초구 양재동 730-13
준공일: 1992년 12월 19일

Supplement

송문섭 1991년 12월 10일
서울특별시 마포구 합정동 359-10
촬영건 49-18

상가집 59
서울특별시 마포구 공덕동 361-45
공덕말 1991년 9월 16일

Supplement 123

주소지 35-13
서울특별시 서초구 반포동 714
준공일 1991년 12월 23일

속이민가 35
서울특별시 마포구 창전동 361-9
촬영일 1998년 2월 24일

Supplement

준공일: 1993년 9월 10일

서울특별시 서초구 반포동 724-2 태진다가구주택

사평대로55길 100

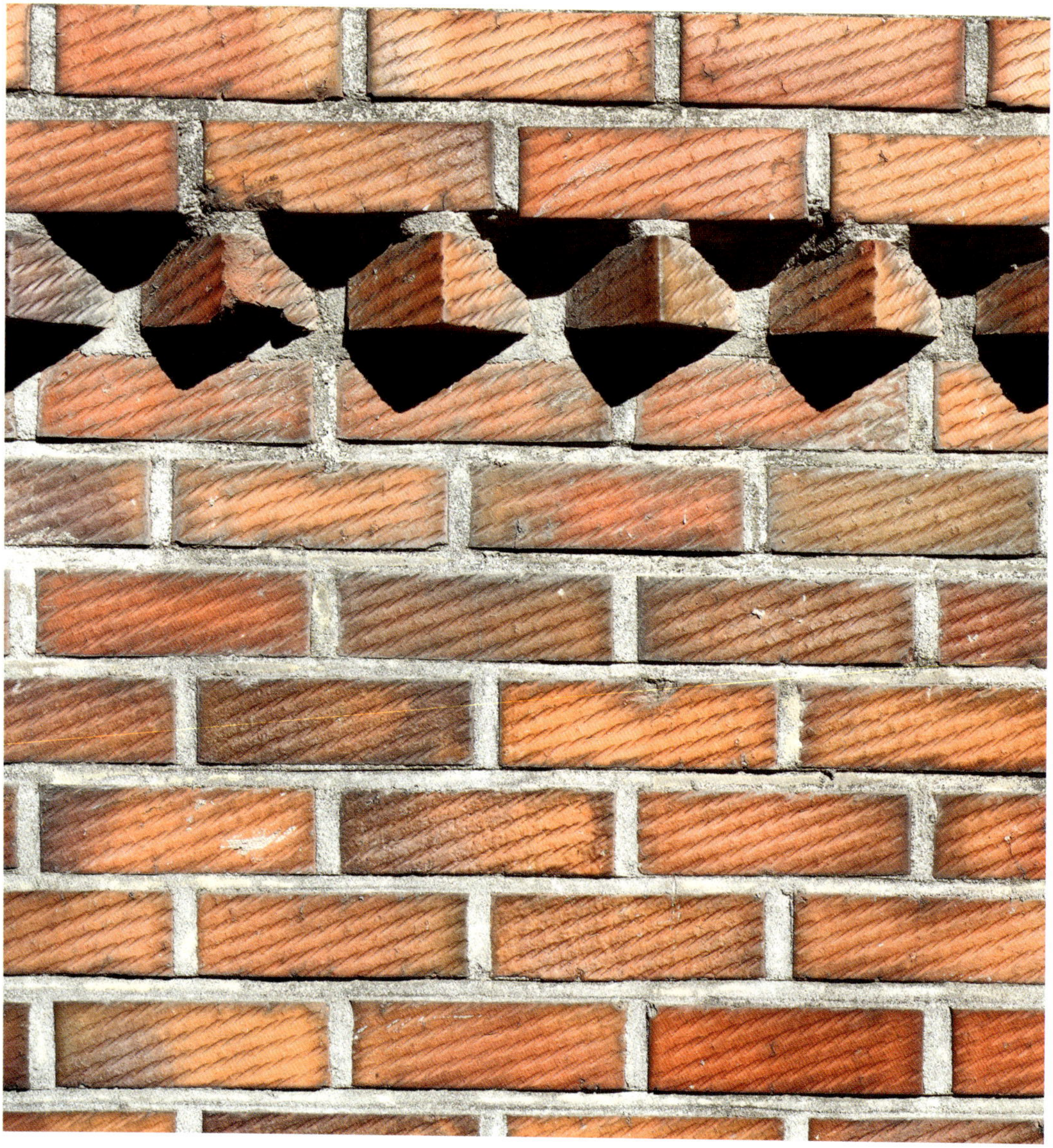

Supplement

Supplement

갯벌장 55
서울특별시 마포구 창전동 363-24
창전동 1986년 10월 16일

Supplement

참고자료

단행본
Allen, Edward·Iano, Joseph. 『건축시공 및 재료학』. 이한승(역). 서울:시공문화사, 2010
Pfiefer Ramcke Achtziger. 『Masonry Construction Manual』. Boston: Birkhauser, 2002

웹사이트
국제조적협회 imiweb.org
에이브리프 www.abrief.info
삼한C1 www.ebrick.co.kr
이화산업 www.ihhwaind.co.kr
Archi Union 건축사무소 www.archi-union.com
BIG 건축사무소 www.big.dk
Dennis Ruabon(벽돌사) www.ruaboncommercial.co.uk
Design Lab Workshop www.designlabworkshop.com
Gramazio Kohler 건축사무소 www.gramaziokohler.com
Keller AG Ziegeleien(벽돌사) www.keller-ziegeleien.ch
O'donnell + Tuomey 건축사사무소 odonnell-tuomey.ie
Petersen-kolumba(타일사) www.petersen-kolumba.dk
UK Brick Development Association www.brick.org.uk

컨트리뷰터
류도열(이화산업 관리차장) www.ihhwaind.co.kr, 02-2273-1136, ihhwa1955@hanmail.net
이정훈(조호건축사사무소 대표) www.johoarchitecture.com, 02-6257-9101, JOHO@johoarchitecture.com
장영철(와이즈건축 공동대표) wisearchitecture.com, 02-2256-9070, office@wisearchitecture.com
정수진(건축에스아이 대표) www.sie-jungsujin.com, 02-575-6026, sie@live.co.kr
조성익(TRU건축사사무소 대표, 홍익대학교 건축대학 조교수) www.trugroup.co.kr, 02-735-2227, Info@TRUgroup.co.kr
한삼화(삼한C1 대표) www.ebrick.co.kr, 1599-9989